Rodbertus' Angriff

auf

Ricardos Renten-Theorie

und der

Lexis-Diehl'sche Rettungsversuch.

Inaugural-Dissertation

zur Erlangung der Doktorwürde

der hohen philosophischen Fakultät
der Königl. Christian-Albrechts-Universität zu Kiel

vorgelegt von

Dr. med. Franz Oppenheimer
aus Berlin.

Berlin 1908.
Druck von Georg Reimer.

Zum Druck genehmigt:

Dr. **Sudhaus,**
z. Zt. Dekan.

1. Februar 1908.

EINLEITUNG.

Das wissenschaftliche Problem der Grundrente stellte sich erst Adam Smith. Wie er sich aber im allgemeinen mehr durch die gewaltige Weite seines alle menschlichen Beziehungen umfassenden Blickes als durch logische Konsequenz auszeichnete, so hat er es im besondern bei diesem Problem nicht erreichen können, gegenüber den verschiedenen, teils schon ausgesprochenen, teils dem genaueren Betrachten sich ohne Zwang darbietenden Erklärungsmöglichkeiten zu einer festen Stellung zu gelangen; sondern es finden sich im Gegenteil die sämtlichen möglichen Grundrententheorien in seinem „Wohlstand der Völker" unvermittelt nebeneinander.

Das gilt sogar noch von der im übrigen durch ihn bekämpften und siegreich abgewiesenen naiven Rentenlehre der Physiokraten, die mehrfach, z. B. an folgender Stelle, durchschlägt: „Die Bodenrente wird für die Benützung eines produktiven Gegenstandes bezahlt; der Boden, der sie zahlt, produziert sie." [1])

Aber, von solchen vereinzelten Rückfällen abgesehen, schwankt er ohne Entscheidung auch noch zwischen den drei möglichen wissenschaftlichen Erklärungen der Grundrente, die wir im folgenden als die „Naturrechts-", die „Monopol-Lohn-" und die „Monopol-Preistheorie" unterscheiden werden.

Die „Naturrechtstheorie" der Rente ist diejenige, die eine Generation später Ricardo ausbaute. Ihre Elemente finden

---

[1]) Natur und Ursachen des Volkswohlstandes, dtsch. v. W. Loewenthal, Berlin 1879 II. p. 356.

sich, wie Ricardo selbst anerkennt, fast vollzählig bereits bei Ad. Smith [1]).

Die beiden Monopoltheorien gehen von der gemeinsamen Prämisse aus, daß das Eigentum an Grund und Boden ein „Monopol", und die Rente das Einkommen des Eigentümers aus diesem Monopol sei. Trotzdem unterscheiden sie sich sehr bedeutend und müssen auf das genaueste auseinandergehalten werden, wenn Verwirrung vermieden werden soll:

Die Monopol-Lohntheorie betrachtet die Rente als Ausbeutung des Produzenten, des Landbauers, durch den Grundeigentümer. Sie ist Abzug von seinem „natürlichen Arbeitslohn" und wird (unter englischen Verhältnissen) in der Pacht realisiert.

Die Monopol-Preistheorie betrachtet die Rente als Ausbeutung des Konsumenten durch den Grundeigentümer. Sie ist Aufschlag auf den „natürlichen Preis" des Urprodukts und wird bei dessen Verkauf realisiert.

Beide Auffassungen finden sich nebeneinander bei Smith. Die Monopol-Preistheorie liegt seiner allgemeinen Wertlehre zugrunde, die bekanntlich eine Kostenwertlehre ist: der Preis der Waren bestimmt sich durch ihren natürlichen Arbeitswert mit Aufschlag des üblichen Gewinnstsatzes und der durchschnittlichen Grundrente. Die Monopol-Lohntheorie andererseits findet sich mehrfach in schärfster Formulierung:

„Sobald der Grund und Boden eines Landes Privateigentum ward, verlangten die Besitzer, welche, gleich allen anderen Menschen gern da ernten, wo sie nicht gesät haben, selbst für den natürlichen Ertrag des Bodens eine Rente" [2]). „Diese ... Rente bildet den ersten Abzug von dem Erzeugnisse der auf den Boden verwendeten Arbeit" [3]). „Die Bodenrente ist somit naturgemäß ein Monopolpreis. Sie steht in gar keinem Verhältnisse zu dem, was der Besitzer für den Anbau des Landes angelegt haben mag, oder zu dem, wo-

[1]) Ricardo, Grundgesetze der Volkswirtsch. und Besteuerung, dtsch. v. Ed. Baumstark, Leipzig 1877, 24. Hauptstück.

[2]) l. c. I. S. 52/3.

[3]) l. c. I. S. 69.

mit er sich billig begnügen könnte, sondern einzig und allein zu dem, was der Pächter zu zahlen imstande ist" [1]).

Diese Sätze sind im Geiste des ältern englischen Agrarsozialismus geschrieben, wie er z. B. durch Gerard Winstanley [2]) schon 1651 seine Vertretung fand, und wie er 1775, ein Jahr vor dem Erscheinen von Smiths Hauptwerke, in Spences berühmtem Schriftchen sich wieder mit aller Bestimmtheit zum Worte meldete.

Von solcher Grundauffassung des Wesens der Rente aus konnte Smith nicht anders als zu Schlußfolgerungen auf ihre Berechtigung gelangen, die einer runden Verurteilung mindestens sehr nahe kamen: „Die Grundeigentümer sind die einzigen unter den drei Ständen, deren Einkünfte ihnen weder Arbeit noch Sorge kosten, sondern ihnen sozusagen von selbst und unabhängig von irgendwelchen besonderen Plänen oder Unternehmungen zufließen" [3]); und dennoch: „Jede Verbesserung der Gesellschaftsverhältnisse ist geeignet, entweder direkt oder indirekt eine Erhöhung der wirklichen Bodenrente, des wirklichen Reichtums des Grundbesitzers, seiner Macht, die Arbeit oder das Arbeitserzeugnis anderer zu erkaufen, herbeizuführen" [4]).

Es war nur natürlich, daß sich der jüngere englische Sozialismus dieser — ihrem Ursprung nach ja dem älteren Sozialismus entstammenden — Sätze des Meisters bemächtigte, um scharfe Angriffe gegen die bürgerliche Wirtschafts- und Gesellschaftsordnung zu begründen. Gegen ihn traten die Verfechter des Bürgertums, vor allem David Ricardo, in die Schranken.

Nun war die strategische Lage der bürgerlichen Theorie derart, daß sie einen Angriff aus der Monopol-Lohntheorie ohne Schwierigkeit abweisen konnte. In ihrer — übrigens von Smith selbst auf-

---

[1]) l. c. I. S. 157. Es ist scharf zu beachten, daß Smith hier, obgleich er von der Rente selbst als einem „M o n o p o l p r e i s" spricht, nicht die Monopolpreis-, sondern die Monopollohntheorie vorträgt. Rente ist ihm hier Abzug vom Arbeitslohn.

[2]) „The Law of freedom etc", zit. nach G. Adler: „Der ältere englische Sozialismus und Thomas Spence", Einleitung zu Th. Spences „Gemeineigentum an Boden", deutsch von F. v. Eichmann, Leipzig 1904, S. 13.

[3]) l. c. I. S. 270.

[4]) l. c. I. S. 269.

gebauten — Lohntheorie spielt die Grundrente keinerlei Rolle als Bestimmungsgrund des Lohnes. Er wird bestimmt lediglich durch das Verhältnis des als „Lohnfonds" aufgefaßten Kapitals (K) zur Arbeiterzahl (p): der Bruch $K:p$ ist der „natürliche" Durchschnittslohn. Der Arbeiter leidet daher als Produzent nicht an der Grundrente. Ein Verzicht der Grundeigentümer auf ihre Rente würde nur den Kapitalprofit der Pächter und bald, mittels der Ausgleichung durch die Konkurrenz, den Kapitalprofit im ganzen heben: aber der Arbeitslohn bliebe unberührt. Wir können hier nicht näher darauf eingehen, wie Ricardo die Lohnfondstheorie weiter bildete, in dem Sinne, daß der Lohnfonds viel kleiner erschien als bei Smith: er schied aus dem „Gesamtkapital" das zirkulierende als den eigentlichen Lohnfonds aus; aber grundsätzlich war hier nichts Neues mehr zu leisten, und er konnte sich damit begnügen, immer wieder mit Nachdruck festzustellen, daß die Rente mit dem Lohne nichts zu tun habe [1]."

Dagegen war die bürgerliche Theorie gegen einen sozialistischen Angriff aus der Monopol-Preistheorie völlig ungedeckt. Wenn die auf Smith gestützte Behauptung richtig war, daß das Getreide („Getreide" steht hier und im folgenden wie bei den Klassikern selbst immer als Repräsentant aller landwirtschaftlichen Erzeugnisse) auf einem Monopolpreise stehe, dann litt der kleine Mann zwar nicht als Produzent, d. h. als Lohnempfänger, wohl aber als Konsument, als Brotesser, unter dem Grundeigentum.

Man wird die Kämpfe um die Theorie der Rente im allgemeinen und die Ricardosche Lehre im besonderen niemals aus dem Grunde verstehen, wenn man nicht erkannt hat, daß hier das Zentrum des Kampfes liegt. Es ist daher unumgänglich, mit einigen Worten den Streitfall klarzulegen.

---

[1]) Zum Beispiel an folgender Stelle: „Würde der Grundherr auf seine ganze Rente verzichten, so würde davon der Arbeiter nicht den mindesten Vorteil haben. Wäre es den Arbeitern möglich, ihren ganzen Lohn aufzugeben, so würden die Grundherren davon gar keinen Vorteil ziehen; aber der Pächter würde in beiden Fällen alles einnehmen und behalten, was jene nicht genommen hatten." („Grundgesetze", ed. Baumstark, Leipzig 1877, S. 381.)

Die Klassiker unterscheiden von Ad. Smith an sehr scharf zwischen dem „natürlichen" und dem „Monopolpreise" der Waren; der erstere ist der naturgesetzlich notwendige und naturrechtlich gerechte Preis der beliebig herstellbaren Waren, wie er sich bei freiem Wettbewerbe aus Angebot und Nachfrage ergibt. Der Monopolpreis aber ist der Preis, welcher sich ergibt, wenn das Angebot von Waren bestimmter Art aus natürlichen oder künstlichen Gründen nicht mit der Nachfrage Schritt zu halten vermag, wenn also ein „Naturmonopol" (seltene Weine, Gemälde verstorbener Meister), oder ein verliehenes Monopol, z. B. ein Patent, ein ausschließliches Privileg von Personen oder Korporationen vorliegt. Der Monopolpreis ist nach Smith „der höchste Preis, der dem Käufer abgepreßt werden kann".

Besonders gehässig ist der — bei edlen Weinen usw. sehr harmlose — Monopolpreis natürlich dann, wenn es sich um das unentbehrlichste Bedürfnis der großen Masse, die Nahrung, handelt. Der Vorwurf des Brotwuchers ist für die herrschende Klasse der schwerste und gefährlichste, der erhoben werden kann.

Die Feinde der Grundrente, die Sozialisten voran, aber auch A. Smith behaupteten nun, daß der Nahrungspreis ein Monopolpreis sei, daß der Grundeigentümer mit andern Worten der Bevölkerung „den höchsten Preis abpresse", also Brotwucher treibe; daß die Grundrente selbst, die ja offenbar eine Abhängige des Getreidepreises ist, ein Monopolpreis sei.

Um diesen Angriff abzuwehren, mußte die bourgeois-ökonomische Grundrententheorie den Gegennachweis erbringen, daß das Getreide nicht auf einem Monopolpreise, sondern auf seinem natürlichen Preise stehe, daß also auch die Grundrente kein Monopolpreis sein könne.

Mit einem Worte: Gegen die Monopoltheorie mußte die Naturrechtstheorie der Grundrente ausgebaut und gesichert werden. Diese Aufgabe übernahm Ricardo. Sein thema probandum ist das folgende: Die Grundrente fließt zwar dem Eigentümer des Grund und Bodens zu: aber sie ist keine Folge des Grundeigentums. Sie ist zwar ein Vorteil aus einem Naturmonopol, aber dennoch kein Monopolpreis. Sie wird am Preise verdient, als unerarbeiteter Gewinn, aber sie ist kein Bestimmgrund des Preises, der ohne Aufschlag einer Rente, ganz wie der Preis von Tuch und Leinwand, lediglich durch Arbeitslohn, Kapitalersatz und üblichen Kapitalgewinn bestimmt wird. Der Zehrer zahlt also nur den natürlichen, d. h. notwendigen und gerechten Preis.

Die Kunst, mit der Ricardo diese großbürgerliche Theorie der Rente aufbaute und sicherte, ist schlechthin bewundernswert. Sie gilt nicht mit Unrecht für den festesten Teil der bürgerlichen Ökonomik. Sie ist eine in sich geschlossene, nach allen Seiten fast unangreifbar verschanzte wissenschaftliche Theorie von höchster Überzeugungskraft, die in der Tat alle Tatsachen ihres Gebietes vollkommen zu erklären scheint und darum allen auf sie gerichteten Angriffen zum Trotz sich bisher hat behaupten können.

Erster Abschnitt.

Die Ricardosche Grundrententheorie.

Die Theorie läßt sich kurz folgendermaßen zusammenfassen: Wenn ein Volk seßhaft wird, so nimmt es zuerst den Boden erster Qualität in Anbau, bis dieser dank dem Wachstum der Bevölkerung voll besetzt ist. Wächst das Volk weiter, so sieht es sich, da nach dem „Gesetz der sinkenden Erträge" von einer gegebenen Fläche durch Verwendung von mehr Arbeit nicht entsprechend mehr Nahrungsmittel erzeugt werden können, gezwungen, Boden zweiter Qualität zu bebauen. Ist auch dieser besetzt, so kommt der Boden dritter, dann vierter usw. Qualität an die Reihe.

Da nun ceteris paribus, d. h. bei Verwendung gleicher Arbeit und gleichen Kapitals auf die Flächeneinheit, der Boden höherer Qualität einen größeren Reinertrag bringt, als die Böden geringerer Qualität, so entstehen mit dem Wachstum der Volksdichtigkeit Ertragsdifferenzen zugunsten der besseren Ländereien.

Wie aus den naturgegebenen Bonitätsunterschieden, so entstehen solche Ertragsdifferenzen auch aus den verkehrsgegebenen Bonitätsunterschieden. Wenn sich nämlich in den mit der Zeit entstehenden Städten ein Markt für Ackerprodukte entwickelt, so haben die dem Markte nähergelegenen Grundstücke einen Vorteil. Denn der städtische Käufer ist gezwungen, dem entferntesten, für die Versorgung des Marktes noch notwendigen, Landwirte außer seinen Gestehungskosten auch noch die Kosten des Transportes bis zum Markte zu vergüten: der näherwohnende Landwirt, der ja den gleichen Marktpreis erhält, hat also einen Vorteil aus ersparten Transportkosten, der seinen Reinertrag gerade so steigert, als bebaue er Land von entsprechend besserer Qualität.

Im folgenden werde ich naturgegebene und verkehrsgegebene Bonität zusammenfassen in dem Ausdruck: „Rentierung", also von Böden höchster und geringster, höherer und geringerer Rentierung sprechen.

Denn eben die aus den Differenzen der Rentierung entspringenden Ertragsunterschiede stellen nach Ricardo die Rente dar. Der Produktionsvorteil des Bodens höherer Rentierung fließt dem Grundeigentümer zu, da weder der Lohnarbeiter noch der kapitalistische Pächter sich ihrer auf die Dauer bemächtigen können. Denn der Arbeiter wird durch die Konkurrenz auf dem Arbeitsmarkte auf den gesellschaftlich durchschnittlichen Lohnsatz, der Pächter durch die Konkurrenz auf dem Kapitalsmarkte auf den durchschnittlichen Profitsatz herabgedrückt: wenn also der Ertrag vom Boden geringerer Rentierung Lohn und Profit ersetzt, so muß auf Boden höherer Rentierung ein Plus übrig bleiben, das als Rente dem Eigentümer zufließt. Sie ist „derjenige Teil des Erzeugnisses der Erde, welcher dem Grundherrn für die Benutzung der ursprünglichen und unzerstörbaren Kräfte des Bodens bezahlt wird."

Ertragsdifferenzen, die zur Ursache von Rente werden, entstehen aber nicht nur zwischen Grundstücken verschiedener Rentierung, sondern auch auf dem gleichen Grundstück, und zwar durch die mit steigender Volksdichtigkeit dem Eigentümer gebotene Möglichkeit, „Zusatzkapital" auf sein Eigentum zu investieren oder investieren zu lassen.

So lange nämlich nur Boden erster Rentierung im Anbau ist, würde die Investition eines höheren als des durchschnittlich verwendeten Kapitals nur Verlust bringen. Denn nach dem Gesetz der sinkenden Erträge bringt jedes Zusatzkapital einen geringeren Reinertrag als das Originalkapital, und so würde der Pächter ein lucrum cessans zu verzeichnen haben, wenn er sein Zusatzkapital, statt in der Industrie zu höherem Profitsatze, in der Agrikultur zu niedrigerem anwenden wollte. Ein lucrum cessans ist aber in der kaufmännischen Rechnung des reinen „economical man" gleich einem damnum emergens.

Anders, wenn mit dem Wachstum der Bevölkerung schon Boden zweiter Rentierung mit in den Anbau gezogen werden mußte! Dann ist entweder der Produktenpreis derart gestiegen, daß das auf dieses Land verwendete Kapital trotz geringerer Reinerträge den alten Profitsatz abwirft, oder der Profitsatz ist in Industrie und Agrikultur gleichmäßig entsprechend gefallen. In beiden Fällen lohnt es jetzt, auf Boden erster Rentierung Zusatzkapital zu investieren, wenn nur dessen Reinertrag mindestens gleich ist dem Reinertrag der auf Boden zweiter Rentierung investierten Originalkapitale.

In diesem Falle entstehen zwischen dem Ertrage des Originalkapitals und dem der sukzessive verwendeten Zusatzkapitale, die auf einem Grundbesitz investiert worden sind, gleichfalls Reinertragsdifferenzen — und auch diese fließen als „Rente" zuletzt und auf die Dauer dem Eigentümer zu, dank der Konkurrenz.

Auf diese drei Weisen entsteht nach Ricardo die Rente. Immer hat der Boden niedrigster Rentierung, dessen Ernte für die Versorgung des Marktes noch nötig ist, eine Rente von Null; d. h. der „Grenzboden" erhält im Produktenpreis nur Gestehungs- und Transportkosten erstattet, nicht aber ein Mehr, die Rente. Diese fließt vielmehr nur Böden höherer Rentierung zu, und zwar entsprechend ihrem natur- und verkehrsgegebenen Bonitätsgrade.

Keineswegs aber ist die Rente ein „Monopolpreis". Ricardo äußert sich darüber ausführlich:

„Steht eine Ware auf einem Monopolpreise, so ist dies der allerhöchste Preis, zu dem sie die Verbraucher zu kaufen willens sind. Waren stehen aber nur dann auf einem Monopolpreise, wenn ihre Menge mittels gar keiner Erfindung vermehrt werden kann und deshalb der Mitbewerb ganz auf einer Seite, unter den Käufern, stattfindet...... Der Tauschwert einer Ware, welche auf einem Monopolpreise steht, wird daher nirgend durch die Hervorbringungskosten bestimmt.

„Roherzeugnisse stehen nicht auf einem Monopolpreise, weil der Marktpreis der Gerste und des Weizens ebenso sehr durch ihre Hervorbringungskosten bestimmt wird, wie der Marktpreis von Tuch und Leinwand. Der einzige Unterschied ist der, daß ein Teil des landwirtschaftlichen Kapitals, nämlich derjenige, welcher keine Rente bezahlt, den Preis des Getreides bestimmt, während hingegen bei der Hervorbringung von Gewerbswaren jeder Kapitalteil mit demselben Erfolge angewendet wird; und da keiner derselben Rente bezahlt, so ist jeder in gleichem Grade Bestimmungsgrund des Preises; Getreide und andere Bodenerzeugnisse können zudem, durch Anwendung von mehr Kapital auf den Boden, der Menge nach vermehrt werden, und stehen darum auch nicht auf einem Monopolpreise. Da besteht Mitbewerb so gut unter den Verkäufern wie unter den Käufern. Dies aber ist nicht der Fall bei der Hervorbringung derjenigen seltenen Weine und derjenigen Kunstwerke, von denen wir gesprochen haben; ihre Menge kann nicht vermehrt werden, und ihr Preis ist nur durch die Stärke des Vermögens und Willens ihrer Käufer beschränkt. Die Rente dieser Weinberge kann über jede mit Maß und Ziel angebliche Grenze hinaussteigen, weil, da kein anderes Gelände zur Gewinnung solcher Weine geeignet ist, auch kein anderer mit ihnen in Mitbewerb gesetzt werden kann" [1]).

Mit dieser scharfen Stellungnahme gegen die Auffassung, daß Rente das Ergebnis eines Monopolpreises des Getreides ist, steht nicht im mindesten in Widerspruch, daß Ricardo selbst den Besitz von Boden höherer Rentierung als ein Naturmonopol, und die Rente als Ergebnis eines solchen bezeichnet: „Ich sehe die Rente immer als Ergebnis eines teilweisen Monopols an und bin der Ansicht, daß sie niemals den Preis bestimmt, sondern eher eine Folge desselben ist." [2])

Der Monopol p r e i s ist nämlich für Ricardo wie für Smith „der höchste Preis, der dem Käufer abgepreßt werden kann". Der Monopolinhaber ist an seiner Festsetzung auf das stärkste beteiligt; er kann, wenn ihn nicht außerwirtschaftliche Rücksichten, die des Gemeinsinns, des Mitleids oder der Furcht, milde stimmen, bei einem so unentbehrlichen Befriedigungsmittel, wie es die Nahrung ist, den Preis bis zur Ausplünderung des Zehrers emportreiben.

Ein solches Monopol hat z. B. der Getreidehändler in einer belagerten Stadt oder während einer Teuerung.

---

[1]) l. c. S. 218/9.

[2]) l. c. S. 252.

Das Ricardosche Naturmonopol hat einen viel harmloseren Inhalt. Sein Inhaber hat auf die Bestimmung des Preises gar keinen Einfluß. Dieser Preis bestimmt sich, unabhängig von dem bösen oder guten Willen der Produzenten und Grundeigentümer, als „natürlicher Preis" ganz automatisch lediglich aus der Addition von dem Arbeitslohn und dem Kapitalprofit, die auf Herstellung und Transport des auf dem „Grenzboden" erzeugten Produktes verwendet werden müssen, dessen Zufuhr der Markt noch braucht. Kein Teilchen Rente tritt in den Preis ein.

Wenn also auch dem Besitzer von Boden höherer Rentierung aus seinem Naturmonopol ein Vorteil zufließt, so hat dennoch das Getreide keinen Monopolpreis, sondern seinen „natürlichen Preis". Und der „natürliche" ist auch der gerechte Preis. Der Käufer muß sich damit zufriedengeben.

Das gilt indes nur für die regelmäßigen Verhältnisse. Unter gewissen Umständen kann die Rente in der Tat Monopolpreis werden: „Das Getreide und die Roherzeugnisse eines Landes können wohl allerdings für einige Zeit zu einem Monopolpreise verkauft werden, aber sie können es auf die Dauer (permanently) nur dann, wenn nicht mehr Kapital mit Gewinn auf die Ländereien angewendet und darum ihr Erzeugnis nicht mehr vermehrt werden kann. Zu solchen Zeiten wird jedes Stück angebauten Bodens und jeder Teil landwirtschaftlichen Kapitals eine Rente geben, die aber in Wirklichkeit nach der Verschiedenheit des Ertrages verschieden ist." [1])

Diese Einschränkung scheint mir allerdings in ihrem zweiten Teile nur als „casus hypotheticus irrealis" gemacht zu sein. Ricardo will sagen, daß das Getreide auf d i e D a u e r niemals Monopolpreis erlangen kann. Da indessen dieser eine Satz von hervorragender Seite eine abweichende Deutung erfahren hat, so werden wir ihn unten einer genauesten Betrachtung zu unterziehen haben.

---

[1]) l. c. S. 219.

Zweiter Abschnitt.

Der Rodbertussche Angriff.

a) Rodbertus' Grundrententheorie.

Hatte Ricardo die naturrechtliche Seite der zwiespältigen A. Smithschen Rententheorie in der Richtung ausgebaut, daß das Grundeigentum zwar großenteils als Naturmonopol erschien, insofern nicht alles Land von gleicher Bonität und von gleicher Verkehrslage war, — daß aber dennoch das Getreide im regelmäßigen Verlaufe nicht einen Monopolpreis, sondern den „natürlichen" und daher gerechten Preis erzielte: so baute Rodbertus die Smithsche Monopol-Lohntheorie aus, während ihn seine Gesamtauffassung daran hinderte, sich der Monopol-Preistheorie zuzuneigen.

Er ist nämlich strenger Anhänger der Arbeitswerttheorie. Danach gravitieren alle Preise gegen denjenigen Wert als Schwingungsmittelpunkt, der durch die auf den Produkten „haftenden" (Marx würde sagen: durch die in den Produkten „vergegenständlichte") Kostenarbeit bestimmt wird. Das gilt auch für die Nahrungsmittel. Mithin kann die Grundrente auch nicht, wie Smith annahm, ein Aufschlag auf den natürlichen Preis sein, ist also kein Monopolpreis.

In Parenthese: Rodbertus bewegt sich hier, ohne es im mindesten zu bemerken, in einem fehlerhaften Zirkel. Er nimmt, unter ausdrücklicher Berufung auf Ricardo, dessen Arbeitswerttheorie an, ja macht sie zu der tragenden Grundlage seiner gesamten Lehre. Nun ist aber diese Arbeitswerttheorie Ricardos eine logische Ableitung aus seiner Grundrententheorie. Er weist nach, daß der Preis des Urproduktes durch dasjenige „Grenzprodukt" bestimmt wird, das keine Grundrente trägt. Derart erscheint der Preis aller Waren lediglich bestimmt durch Lohn und Profit, d. h. durch die Kosten der gegenwärtigen und vergangenen (vorgetanen) Arbeit, die zu ihrer Herstellung erforderlich war. Rodbertus gibt die Prämisse preis, hält aber an der Schlußfolgerung fest: er behauptet, daß alles Urprodukt Rente trägt — und stellt sich doch auf den Boden der Ricardoschen Wertlehre, ohne zu bemerken, daß diese und damit sein eigenes Lehrgebäude nun gänzlich ohne Stütze in der Luft schweben.

Doch dies nebenbei! Jedenfalls spielt der „Monopolpreis“ bei Rodbertus keine Rolle; die ganze Beweisführung ist vielmehr zugespitzt auf den „Abzug vom Arbeitsertrage“.

Mit andern Worten: Rodbertus faßt das Grundeigentum selbst als Monopol auf, und zwar nicht wie Ricardo als ein harmloses „Naturmonopol“, das die Böden höherer Rentierung vor denen niedrigerer Rentierung besitzen, sondern als ein künstliches (rechtliches)[1]) Monopol ganz in dem Sinne, wie A. Smith das Wort zumeist braucht: als feudale Machtposition, die nicht wirtschaftlichen, „natürlichen“, naturrechtlichen, sondern außerwirtschaftlichen, politischen, zwangsrechtlichen Wurzeln entstammt.

Um die drei verschiedenen Auffassungen scharf gegeneinander zu stellen: nach der einen, der agrarsozialistischen Rentenlehre Adam Smith's, ist das Grundeigentum ein künstliches Monopol und die Grundrente zwiefach ein Monopolpreis: der Arbeiter wird doppelt, als Produzent und als Konsument, geschädigt; — nach Ricardo ist Grundeigentum höherer Rentierung ein Naturmonopol, die Grundrente aber stellt in keiner Weise einen Monopolpreis dar: der Arbeiter wird weder als Produzent noch als Konsument geschädigt; — nach Rodbertus ist das Grundeigentum ein künstliches Monopol und die Grundrente selbst ein „Monopolpreis“ (wie bei Smith); aber dennoch steht (wie bei Ricardo) das Getreide nicht auf einem Monopolpreise — und darum schädigt das Grundeigentum den Arbeiter nicht als Konsumenten —, nach Rodbertus schädigt es ihn nur als Produzenten.

Rodbertus leitet diese Auffassung geschichtsphilosophisch ab. Gleich Karl Marx verwirft er die naturrechtliche „Kinderfibel von der previous accumulation“ als eine unhistorische, haltlose Konstruktion. Smith hatte, wie immer schwankend und zwiespältig, Ricardo

---

[1]) Rodbertus: Das Kapital, ed. Th. Kozak, Berlin 1884, S. 26.

aber mit seiner ganzen, fast genial zu nennenden Einseitigkeit, alle Erscheinungen der bürgerlichen Wirtschaft abzuleiten versucht aus einem als Anfang aller Kultur supponierten Zustande der Gesellschaft, in der nur Wirtschaftende gleichen politischen Rechtes und gleichen Vermögens miteinander in Arbeitsteilung und Tauschverkehr eintraten. Rodbertus zeigt, daß eine solche Gesellschaft nie und nirgend bestanden hat. Sondern wir finden überall dort, wo die Arbeit einen solchen Grad der Ergiebigkeit erreicht hat, daß sie Abzüge vom Arbeitertrage ermöglicht, als Anfangszustand alles staatlichen und höheren wirtschaftlichen Gemeinlebens einen Zustand ungleicher politischer Rechte und ungleichen Vermögens, erzeugt durch erobernde Gewalt. Er stellt fest unter dem Titel: „Das Rechtsprinzip der Rente" [1]): „daß, seitdem die Teilung der Arbeit existiert, ... Boden und Kapital und deshalb auch das Arbeitsprodukt selbst niemals den Arbeitern, sondern andern Privatpersonen gehört habe." Und er fährt weiter unten fort: „Die Geschichte vermag uns kein Volk aufzuzeigen, bei dem die ersten Spuren der Teilung der Arbeit und des Ackerbaus nicht auch mit solcher wirtschaftlichen Ausbeutung zusammenfielen, bei dem nicht die Last der Arbeit dem einen und deren Frucht dem andern zugefallen wäre, bei dem mit andern Worten die Teilung der Arbeit sich nicht in der Form der Unterwerfung des einen unter den anderen gebildet hätte. .... Die regelmäßige Arbeitsteilung .... ist überall nur im Schutze der Gewalt entstanden, ist das Produkt des Zwanges von seiten der einen und der Unterwerfung von seiten der anderen." [2])

Zuerst ergriff diese Herrschaftsorganisation „nicht bloß Boden, Kapital und Arbeitsprodukt, sondern auch noch die Arbeiter selbst" [3]): die Sklavenwirtschaft des Altertums. Hier, namentlich in den Großoikenwirtschaften, waren alle Produktionsmittel, Boden und

[1]) Zur Beleuchtung der sozialen Frage. 2. Aufl. Ed. Moritz Wirth, Berlin 1890, S. 120.

[2]) Zur Beleuchtung usw., S. 124/5.

[3]) Zur Beleuchtung usw., S. 125.

Kapital samt den Arbeitern, Eigentum des Herrn, war mithin der gesamte Ertrag, nach Abzug des Kapitalersatzes und der Lebensnotdurft der Sklaven, sein „Herreneinkommen", seine „Rente", die bei Rodbertus beides, den Kapitalgewinn und die Grundrente der späteren Zeit, umschließt.

Die Sklaverei ist verschwunden: aber das Grund- und Kapitaleigentum ist geblieben, und darum hat sich an der Klassenlage der Arbeiter nichts Wesentliches geändert. Denn „nach wie vor gehört ihren früheren Herren der Boden und das Kapital der Gesellschaft, nach wie vor also auch das Arbeitsprodukt, wenn die freien Arbeiter in ihrem Dienste arbeiten. — Werden also die Grund- und Kapitaleigentümer nicht wirtschaftlich und rechtlich in der Lage sein, ... ihnen folgenden kurzen Kontrakt zu diktieren: „Ihr Arbeiter überlaßt uns das ganze Produkt eurer Arbeit, und ihr erhaltet einen Teil davon zu eurem Einkommen zurück"? Sie werden es wirtschaftlich und rechtlich können, und die Arbeiter werden es wirtschaftlich und rechtlich sich gefallen lassen müssen, ... um überhaupt nur einen Lebensunterhalt zu bekommen." [1])

Kapitalgewinn und Grundrente sind also nach wie vor, beides zusammengenommen, „Herreneinkommen", „Rente", d. h. wirtschaftliche Folge eines künstlichen, politisch-rechtlichen Monopols, einer durch „außerökonomische Kräfte" (Marx) geschaffenen Machtposition, nämlich des usurpatorischen, die Volksmasse ausschließenden Eigentums an allen Produktionsmitteln.

Wie spaltet sich nun diese Gesamtrente in der freien Vertragswirtschaft in Kapitalgewinn und Grundrente? Mit andern Worten: nach welchem Schlüssel verteilt sie sich zwischen Kapital- und Grundeigentümern?

Die Antwort ergibt sich aus Ricardo-Rodbertus' Kostenarbeitstheorie. Danach tauschen sich alle Waren durchschnittlich nach der „auf ihnen haftenden" Produktionsarbeitssumme. Da der Lohn als konstante Größe unterstellt wird, so entfallen auf gleiche Wertteile auch gleiche Teile der „Rente" (Gesamtrente).

---

[1]) Zur Beleuchtung usw., S. 132/3.

Nun berechnet der Fabrikant seinen Gewinn, seinen Teil der Rente, auf das gesamte von ihm verwendete Kapital als Prozentsatz. In diesem Fabrikationskapital steckt auch der Vorschuß für das Rohprodukt, das ihm der Grundbesitzer geliefert hat. Einen solchen Vorschuß für das Rohprodukt hat der Grundbesitzer seinerseits nicht zu leisten. Dennoch entfällt auf sein Produkt, wenn es die gleiche Kostenarbeit enthält, die gleiche Menge Rente wie auf das Produkt des Fabrikanten. Sie ergibt also im Verhältnis zu dem aufgewendeten Kapital einen höheren Gewinnsatz oder, was dasselbe sagen will, wenn der übliche Gewinnsatz nach dem Fabrikantenprofit berechnet wird, diesen Satz und ein Mehr darüber; dieses Mehr ist die Grundrente.

Diese Grundrententheorie ist erstens logisch unhaltbar, weil sie eine Ableitung aus der Ricardoschen Werttheorie ist, die, wie oben gezeigt, nur dann als begründet gelten kann, wenn ihre Voraussetzung, die Ricardosche Rententheorie, angenommen ist. Scharf ausgedrückt: die Rodbertussche Grundrententheorie ist eine Folgerung aus der ihr widersprechenden Ricardoschen Grundrententheorie.

Die Rodbertussche Grundrententheorie steht aber auch mit einer von ihr selbst als Tatsache zugegebenen wichtigen Tatsache in Widerspruch, nämlich mit dem für das ganze „Fabrikationskapital" gleichen Gewinnsatze.

Wäre nämlich der Kostenarbeitswert der Schlüssel der Verteilung der „Gesamtrente" auf die verschiedenen Gruppen von Eigentümern der Produktionsmittel, dann müßte auch der Fabrikant von Halbfabrikaten einen nicht als „Profit" zu verrechnenden Surplusgewinn haben, ganz wie der Grundeigentümer. Denn der Fertigfabrikant berechnet ja seinen Gewinn als Prozentsatz auf sein gesamtes Kapital; das ist aber verhältnismäßig größer als das des Halbfabrikanten, weil dieser nur das Urprodukt, der Fertigfabrikant aber das Halbfabrikat kaufen muß, das als höhere Produktionsarbeitssumme einen höheren Wert hat. Für gleichen Zusatz von Produktionsarbeit erhalten beide ganz den gleichen Anteil aus der „Gesamtrente": da aber die Auslagen des Fertigfabrikanten größer sind als die des Halbfabrikanten, so erscheint das Verhältnis von Gewinn zu Kapital, der Gewinnsatz, bei diesem größer als bei jenem.

Rodbertus hat diese fatale Konsequenz schon entweder selbst gezogen oder ist von v. Kirchmann darauf aufmerksam gemacht worden. Er bemüht sich denn auch in dem vierten sozialen Briefe sehr, seine Grundrententheorie zu retten [1]). Er schreibt: „Nehmen Sie an, die Produktion eines Gutes teilte sich in vier Abschnitte, die gleich viel Arbeit erforderten und besondere Unternehmungen ausmachten! Alsdann würde, wenn in jedem dieser Abschnitte der Wert mit der Arbeitsquantität zusammenfiele, auch der Wert des besonderen Produkts jedes Abschnittes gleich dem des andern sein müssen. Allein der letzte Unternehmer würde, obgleich er nicht mehr Arbeiter beschäftigte als der erste oder zweite, dennoch mehr Kapitalgewinn berechnen müssen. Ebenso würde der zweite Unternehmer weniger Kapitalgewinn zu berechnen haben. Denn in der letzten Unternehmung hätte das erforderliche Material, welches das Produkt schon von mehr Arbeit als das Material der zweiten Unternehmung sein würde, auch einen um so größeren Wert. Deshalb aber würde auch, wenn sich das Produkt jeder der beiden Unternehmungen genau nach der Kostenarbeit, als in beiden Unternehmungen gleich, verwertete, der für Kapitalgewinn übrigbleibende Wertrest in der letzten Unternehmung einen zu niedrigen, in der zweiten einen zu hohen Gewinnsatz geben.“

Hier konstatiert er also selbst, daß der Fertigfabrikant ganz so dem Halbfabrikanten gegenübersteht, wie dieser dem Rohproduzenten. Trotzdem soll hier keine Rente entstehen. Denn:

„Die Konkurrenz verlangt gleichmäßige Gewinne, und so wird allerdings der Satz, daß ein der Kostenarbeit äqualer Produktwert hinreichte, um unsere Kapitalrenten abzuwerfen, infolge des Gesetzes der Gleichmäßigkeit der Gewinne bei den einzelnen Unternehmungen, in welche sich heute die Produktion eines und desselben Gutes teilt, alteriert.“ [2])

Rodbertus sieht sich hier also, gerade wie Marx im dritten Bande seines „Kapital“, schließlich durch die gleiche unleugbare

---

[1]) „Resümee meiner Rententheorie.“ „Das Kapital“ 1 ff.

[2]) Auch im Original gesperrt. Das Kapital S. 12.

Tatsache der Gewinnausgleichung zwischen den einzelnen Unternehmungen gezwungen, die scharf zugespitzte Arbeitswerttheorie und damit die ganze Grundlage seines Systems so gut wie völlig preiszugeben. Wie Marx erscheint freilich auch ihm diese Einschränkung nur als eine den Kern der Wertlehre nicht berührende Modifikation. Er glaubt, sich darauf berufen zu können, daß er den Wert niemals genau mit dem Preise des Produkts zusammenfallen, sondern nur den Preis gegen den Arbeitswert hin gravitieren läßt:

„Ich bin .... niemals der Ansicht gewesen, daß der nach Arbeit bemessene Wert schon in jedem einzelnen der aufeinander folgenden Produktionsabschnitte, in welche die Herstellung eines Gutes als in ebenso viele Gewerbe zerfällt, genügte, um den landüblichen Gewinn jedes betreffenden Gewerbes immer genau zu decken." [1])

Wir können hier nicht untersuchen, ob die Arbeitswerttheorie mit dieser Einschränkung noch einen brauchbaren Sinn behält: jedenfalls ist die Rodbertussche Grundrententheorie damit völlig ihrer Grundlage beraubt. Denn das ist eben ihre charakteristische Begründung, daß auch die Rohproduktion lediglich „als ein einzelner der aufeinander folgenden Produktionsabschnitte" erscheint, „in welche die Herstellung eines Gutes .... zerfällt". Was ihr recht ist, muß jedem andern Abschnitte, mit Ausnahme des letzten, billig sein.

Von zweien also eines: entweder sind in einer gegebenen Volkswirtschaft die Kapitalprofite äußerst stark verschieden, je nach der Vollendungsstufe des von dem einzelnen Betriebe verarbeiteten Materials, oder die Rodbertussche Theorie von der Spaltung der Rente ist falsch. Da die erste Ableitung von Rodbertus selbst ausdrücklich für unmöglich erklärt wird, so ist die Theorie auch als ex consequentibus widerlegt abzulehnen.

W. Lexis kommt zu dem gleichen Ergebnis [2]): „Wenn nun aber bei der bestehenden wirtschaftlichen Ordnung der Marktwert

---

[1]) Das Kapital S. 11.

[2]) Zur Kritik der Rodbertusschen Theorien. Jahrb. f. Nat.-Ök. u. Stat. N. F. IX, S. 469.

der einzelnen Güterarten, aus denen sich das Nationalprodukt zusammensetzt, wie auch der der Teilprodukte auf den einzelnen Fabrikationsstufen sich nicht einmal der Tendenz nach der Kostenarbeit gleichstellt, so ist auch der Rodbertusschen Grundrententheorie der Boden entzogen. Es ist einigermaßen auffällig, daß er dieselbe in der vorliegenden Schrift noch aufrechterhält, nachdem er unmittelbar vorher zugestanden, daß der Wert der Teilprodukte in den Produktionsabschnitten eines Gutes sich nicht nach der Arbeit bemißt. Denn bei der Ableitung seines Rentenprinzips hat er ausdrücklich vorausgesetzt, daß der Wert sowohl des Rohprodukts wie des zusätzlichen Fabrikationsprodukts durch die Kostenarbeit bestimmt wird."

b) Rodbertus' Angriff auf Ricardo.

Aber mag auch die Rodbertussche Theorie von der Grundrente falsch sein, so ist doch damit durchaus noch nicht gesagt, daß die Ricardosche richtig ist. Wir haben also mit allem Ernst die Einwände zu untersuchen, die Rodbertus gegen Ricardo geltend macht.

Er gibt zu, daß, das Privateigentum an Grundstücken verschiedener Rentierung einmal als gegeben vorausgesetzt, die Ricardosche Lehre die Tatsachen der Grundrentendifferenzen völlig genügend erklärt; aber er wirft ihr vor, daß sie über die Ursache der Grundrente nichts aussage: „Diese Aufstellung läßt sich nicht von dem Grundsatz trennen, daß ein solches unter den ungünstigsten Produktionsverhältnissen angelegtes Kapital niemals Grundrente, sondern immer nur Arbeitslohn und üblichen Kapitalgewinn abwerfen kann, denn würfe dies ungünstiger angelegte Kapital selbst schon Grundrente ab, so wäre zwar jener Mehrgewinn des günstiger angelegten Kapitals die größere Grundrente, aber nicht die Grundrente."[1] .... „Dieser Umstand" (die Existenz von Böden verschiedener Rentierung) „erzeugt die Differenz der Grundrente, aber doch nicht die Grundrente. Letzteres würde nur dann geschehen, und also

[1]) Beleuchtung usw., S. 90.

nur dann hätte Ricardo recht, wenn jedesmal der letztangebaute Boden.... zwar Kapitalgewinn, aber keine Grundrente abwürfe."[1])

Gestützt auf diese Darstellung der Theorie glaubt Rodbertus Ricardo dadurch widerlegen zu können, daß er einen Fall konstruiert, wo alle Differenzen der Rentierung ausgeschlossen sind — und dennoch Grundrente erhoben wird. Die berühmt gewordene Konstruktion ist die folgende [2]):

„Nehmen wir eine von aller Welt abgesonderte kreisförmige Insel an — auch einen „isolierten Staat" —, in welchem das heutige Grund- und Kapitaleigentum herrscht.

„Im Zentrum der Insel liegt die Stadt, in der alle Fabrikation betrieben wird: der Umkreis, das Weichbild der Stadt, dient ausschließlich der Rohproduktion.

„Der Staat ist nicht groß. Der Halbmesser vom Mauerring der Stadt bis zum Meeresufer ist nur so lang, daß jeder der nebeneinander liegenden landwirtschaftlichen Gutskomplexe von der Stadtmauer bis zum Ufer reicht. Die Güter mögen — wie unsere größeren norddeutschen Latifundien — 5000 Magdeburger Morgen enthalten und werden je von einem Wirtschaftshofe aus bewirtschaftet.

„Der Acker ist überall von gleicher Bonität. Die Rohprodukte werden an die Städter verkauft und die Fabrikate von den Landwirten wieder zurückgekauft.

„Der Wert sowohl des Rohprodukts wie des zusätzlichen Fabrikationsprodukts soll sich genau nach der auf ihnen haftenden Produktionsarbeitssumme richten — d. i. der aufgewendeten Quantität unmittelbarer Arbeit und der nach Maßgabe der Abnutzung der Werkzeuge hinzuzurechnenden Quantität mittelbarer Arbeit — und nach diesem Wert sollen Rohprodukt und Fabrikationsprodukt gegeneinander vertauscht werden.

„Die nationale Produktivität ist sowohl im ganzen wie je in der Rohproduktion und Fabrikation so groß, daß über Kapitalersatz und Arbeitslohn hinaus noch ein bedeutendes nationales

---

[1]) Beleuchtung usw., S. 211.

[2]) Beleuchtung usw., S. 170 Anm.

Einkommen übrigbleibt, das natürlich dem Besitz zufällt oder richtiger, ihm verbleibt, da das Grund- und Kapitaleigentum es mit sich bringt, daß alles Arbeitsprodukt von seiner Entstehung an den Besitzern gehört. Der Satz des städtischen Kapitalgewinns ist natürlich das Ergebnis einer Proportion — derjenigen Proportion, die durch den Wertbetrag, der als Gewinn dem Fabrikbesitzer übrigbleibt, zu dem Wertbetrage, den er zur Erzielung dieses Gewinns hat auslegen müssen, gebildet wird.

„Dieser Satz bestimmt natürlich auch den Satz des Kapitalgewinns, nach welchem die Grundbesitzer sich vom Gutsertrage einen Teil als Gewinn von ihrem aufgewendeten Kapital berechnen müssen.

„In der vorliegenden Hypothese sind mithin — um die Frage rein zu erhalten — alle Momente ausgeschlossen, die in bezug auf Absatz und Wert der Rohprodukte den einen Grundbesitzer vor dem andern zu begünstigen geeignet sind: sowohl die Verschiedenheit der Güte der Äcker wie die Entfernung vom Absatzorte wie die sogenannte zunehmende Unproduktivität des Bodens. Selbst der Wert sowohl des Rohprodukts wie des Fabrikationsprodukts ist hier als der denkbar normalste vorausgesetzt, denn läßt man diesen Wert bei einem oder dem andern Produkt willkürlich steigen oder fallen, so ist es leicht, Grundrente oder Kapitalgewinn verschwinden zu lassen.

„Man kann auch aus dieser abgesonderten Insel ein großes isoliertes Land machen, das ganz und gar aus solchen kreisförmigen Fabrikations- und Ackerbaukommunen besteht, und sich vorstellen, daß die zwischen ihnen liegenden Ausschnitte — die „Subseziven" dieses agrarischen Zustandes — mit Holz bestanden wären. Auf dieser Insel nun oder in solchem Lande, in welchem, wie man sieht, keine der Voraussetzungen, die nach Ricardo allein erst die Grundrente zu erzeugen imstande sind, existieren, behaupte ich,

fällt dennoch Grundrente ab,

weil den Grundbesitzern jedenfalls noch ein ihren Kapitalgewinn überschießender Reinertrag verbleibt.

Weshalb fällt hier dennoch Grundrente ab?

„Die Antwort auf diese Frage enthält nach meiner Ansicht allein das sogenannte Grundrentenprinzip, denn man verwechselt dann nicht mehr akzidentelle und wesentliche Erscheinungen, nicht mehr die Grundrente mit der Differenz der Grundrenten.

„So weit mein Problem.“

Rodbertus hielt sein Problem vom Standpunkte der Ricardoschen Theorie aus für völlig unlösbar und diese dadurch für widerlegt. Er schließt triumphierend:

„Kein Anhänger Ricardos hat mir hierauf geantwortet oder dies Problem erörtert.

„Solange das nicht geschieht, nehme ich an, daß es keiner vermag.“

Dritter Abschnitt.

Der Lexis-Diehlsche Rettungsversuch.

a) Das Problem der isolierten Insel.

Nur zwei deutsche Forscher haben, soweit wir zu sehen vermögen, sich eingehender mit dem von Rodbertus aufgestellten Problem beschäftigt: W. Lexis und K. Diehl.

Lexis schreibt [1]): „Auf der von Rodbertus angenommenen Insel .... gibt es allerdings jedenfalls eine volkswirtschaftliche Grundrente, ein Mehrprodukt der landwirtschaftlichen Arbeit. Ob aber bei der Verteilung derselben die landwirtschaftlichen Unternehmer mehr als den normalen Gewinn von ihrem Kapital, also eine privatwirtschaftliche Grundrente beziehen, läßt sich gar nicht allgemein beantworten, sondern hängt von den besonderen tatsächlichen Umständen ab. Gäbe es etwa auf der

---

[1]) Zur Kritik der Rodbertusschen Theorien. Jahrb. f. Nat.-Ök. u. Stat. N. F. IX. (1884), S. 472.

Insel zerstreute, noch unbenützte Staatsländereien mit gleich guter Marktlage, ... die jeder, der mit genügendem Betriebskapital ausgestattet wäre, unentgeltlich als Eigentum erhalten könnte, so würde ganz gewiß für niemanden Grundrente abfallen. Aber auch, wenn alles Land bereits unter die Grundbesitzer als Eigentum verteilt, aber noch nicht vollständig angebaut wäre, würde sich im allgemeinen keine Grundrente für dieselben ergeben. Eine solche könnte nur dann erzielt werden, wenn die Grundbesitzer in so geringer Zahl vorhanden wären, daß sie imstande wären, eine Koalition zu bilden, um durch eine absichtliche Beschränkung der Produktion gegenüber der steigenden Nachfrage den Produktpreis emporzutreiben. Von diesem Falle wollen wir jedoch absehen und annehmen, daß die Grundbesitzer zahlreich genug seien, um sich stets ernstliche Konkurrenz zu machen. Jeder wird dann sein ganzes Gut möglichst vorteilhaft zu bewirtschaften suchen, anfangs extensiv und bei steigender Bevölkerung immer intensiver. .... Das in der Landwirtschaft angelegte Kapital wird immer größer, aber so lange der Naturalertrag proportional dem Mehraufwande von Kapital steigt, werden die Grundbesitzer — wieder eine Folge ihrer Konkurrenz — nur den auch in der gewerblichen Produktion üblichen Gewinnsatz von ihrem Kapital und nichts darüber hinaus als Grundrente erhalten. Wenn aber die Grenze der der neuen Kapitalzufuhr proportionalen Ertragssteigerung derselben Fläche erreicht ist, wenn also die selbständige Bedeutung des Bodens als Produktionsmittel sich geltend macht, wird bei weiter zunehmender Bevölkerung die privatwirtschaftliche Grundrente auftreten, und zwar von Anfang an auf Grund einer monopolistischen Preissteigerung. Es besteht also auf der Rodbertusschen Insel entweder gar keine Grundrente oder eine monopolistische, während Rodbertus behauptet, daß die Besitzer Grundrente ohne monopolistische Preiserhöhung beziehen."

Diehl schreibt zu demselben Thema in seinem verdienstvollen Kommentar zu Ricardo: [1]) „Was das von Rodbertus aufgeworfene

[1]) Sozialwissenschaftliche Erläuterungen zu David Ricardos Grundgesetzen der Volkswirtschaft und Besteuerung. I. Teil, zweite, neu verfaßte Auflage. Leipzig 1905. S. 279.

Problem anlangt, warum in dem von ihm angenommenen isolierten Staate eine Grundrente abfalle, obwohl alle von Ricardo angenommenen Voraussetzungen, die allein eine Grundrente zu erzeugen imstande sind, fehlen, so dürfte es doch den Anhängern der Ricardoschen Rententheorie nicht allzu schwer fallen, darauf zu erwidern. Allerdings die Bonität der verschiedenen Grundstücke ist hier als gleich angenommen, insofern kann eine aus Fruchtbarkeitsdifferenzen herrührende Differenzialrente nicht entstehen; wohl aber ist die Grundrente in diesem Falle sehr einfach aus einem Prinzip zu erklären, das Ricardo nicht völlig übersehen hat. Ricardo ging bei der Ableitung seines Rentengesetzes ausdrücklich von der Voraussetzung aus, daß noch freier, unangebauter Boden zur Okkupation vorhanden sei — läßt man diese Voraussetzung fallen, wie Rodbertus es tut, indem er eine isolierte Insel annimmt, auf der alles Land bereits vergeben ist und die keinen Verkehr mit dem Auslande hat —: hier ist die Grundrente einfach eine reine Monopolrente, die aus dem Monopol des Bodens als notwendigen Produktionsfaktors entspringt. Die Möglichkeit einer solchen Rente unter solchen völlig veränderten Voraussetzungen hat Ricardo nie bestritten, vielmehr ausdrücklich wiederholt, wie ich oben nachwies, auf die Eventualität einer solchen absoluten Rente hingewiesen."

Wenn man diese beiden Äußerungen zu dem Problem vergleicht, so zeigen sich sowohl Unterschiede wie Übereinstimmungen.

Der erste Unterschied ist der, daß Diehl augenscheinlich mit Rodbertus annimmt, daß auf der Insel unter allen Umständen für die Eigentümer der großen Güter Grundrente abfallen müsse. Im Gegensatz dazu macht Lexis Entstehung und Vorhandensein einer Grundrente erst von dem Eintritt bestimmter Bedingungen abhängig: aller Grund und Boden muß in Anbau genommen und vom Privateigentum okkupiert sein, und das Gesetz vom abnehmenden Bodenertrage muß in Wirksamkeit getreten sein. Lexis, der sich hier überhaupt stark von Rodbertusschen Ideen beeinflußt zeigt (die Unterscheidung zwischen der volkswirtschaftlichen Rente, die vorhanden sein könnte, noch ehe die Grundeigentümer privatwirtschaftliche Rente ziehen könnten, ist ganz rodbertisch), macht dem Weisen von Jagetzow hier noch eine weitere Konzession; er nimmt nicht ohne weiteres mit Ricardo an, daß das Gesetz des sinkenden Bodenertrages von allem Anfang an — abgesehen von kurzdauernden Rückschlägen dank verbesserter Technik — wirksam sei: sondern er läßt es erst von einem gewissen, nicht näher bestimmten und auch nicht generaliter näher zu bestimmenden Zeitpunkte an wirksam werden. Jedenfalls wollen wir festhalten, daß Lexis Bedingungen für denkbar hält, unter denen hier die Handvoll Großgrundbesitzer, die das ganze Areal dieser volkreichen und gewerbetätigen fruchtbaren Insel besitzen, keine Grundrente bezieht[1]).

Der zweite Unterschied zwischen Lexis und Diehl ist von viel größerer Wichtigkeit. Lexis führt die Verteidigung Ricardos dadurch, daß er das Problem für falsch gestellt erklärt. Wenn Rente entstehen könne, so könne sie nur als Monopol-Preisrente entstehen. Rodbertus aber habe verlangt, daß man hier das Entstehen von Rente erklären solle, obgleich das Urprodukt auf seinem „natürlichen Preise" stehe. Das sei unmöglich und daher das Problem falsch gestellt.

---

[1]) Die Maximalzahl der hier möglichen Güter läßt sich übrigens aus den von Rodbertus angegebenen Bedingungen annähernd berechnen. Sie kann nur sehr gering sein. Die Güter sollen einen Flächeninhalt von 5000 Magdeburger Morgen = 1250 ha oder 12,5 qkm haben und, wie ausdrücklich bemerkt wird, von einem Wirtschaftshofe aus bebaut werden. Aus landwirtschaftlich-technischen Gründen ergibt sich, daß die Länge dieser ohne großen Fehler als gleichseitige Dreiecke aufzufassenden Kreissektoren nicht mehr als höchstens 12½ km betragen kann, so daß sie bei einer durchschnittlichen Breite von 1 km das angegebene Flächenmaß haben. Unter der Voraussetzung dieser Länge und Breite sind die Güter schon sehr schlecht arrondiert, da die entferntesten Äcker mehr als 6 km vom Hofe, d. h. selbst bei sehr gutem Boden auf oder jenseits der Rentabilitätsgrenze liegen. Geben wir der zentralen Stadt noch einen Radius von 1 km (3,14 qkm Wohnfläche ist übermäßig reichlich berechnet), so hat die ganze Insel einen Umfang von rund 85 km und einen Flächeninhalt von rund 572 qkm, von denen 569 als Ackerfläche in Betracht kommen, faßt also 45 bis 46 solcher Großgüter zu je 12,5 qkm. Sollen die Güter besser arrondiert sein, etwa zur halben Länge und doppelten Breite, so sinkt der Flächeninhalt auf ein Viertel, und es sind nur noch 11 bis 12 solcher Großgüter vorhanden. Danach mag man ermessen, ob die Koalition zwischen den Grundeigentümern zum Zwecke der monopolistischen Preissteigerung möglich ist, die Lexis erwägt.

Auf der andern Seite glaubt Diehl das Problem, gegen dessen richtige Stellung er keine Einwände erhebt, wirklich gelöst zu haben, wenn er das Entstehen der Grundrente hier aus einem Monopolpreise ableitet. Es kann keinem Zweifel unterliegen, daß er damit einem schweren Irrtum verfallen ist. Seine vermeintliche Lösung verletzt eine der von Rodbertus formulierten wesentlichen Bedingungen des gedanklichen Experiments. Rodbertus sagt: „Der Wert sowohl des Rohprodukts wie des zusätzlichen Fabrikationsprodukts soll sich genau nach der auf ihnen haftenden Produktionsarbeitssumme richten .... nach diesem Wert sollen Rohprodukt und Fabrikationsprodukt gegeneinander getauscht werden.“ Das heißt: er schließt den Monopolpreis ausdrücklich aus! In der Diehlschen „Lösung“ aber hat das Urprodukt Monopolpreis, steht über dem Wert der auf ihm haftenden Produktionsarbeitssumme: ergo hat Diehl die Lösung des Problems verfehlt. Und das ist ein schwer begreifliches Versehen. Denn gerade darauf legt Rodbertus den allergrößten Wert, ja es ist geradezu der Kern seiner von Diehl selbst korrekt und liebevoll dargestellten Lehre, daß die Grundrente schon dann entsteht, wenn der Preis des Urprodukts genau mit seinem Kostenarbeitswert übereinstimmt. Ist doch seine ganze Kapitals- und Grundrententheorie eine charakteristische Monopol-Lohntheorie: sein „Herreneinkommen“ entsteht durch Abzug vom natürlichen Arbeitslohn, nicht durch Aufschlag auf den Nahrungsmittelpreis (Monopol-Preistheorie); der Arbeiter wird als Produzent, nicht aber als Konsument geschädigt. Das hätte Diehl in Rechnung ziehen müssen.

So viel von den Unterschieden der Auffassung. Die Übereinstimmung der beiden Forscher besteht namentlich darin, daß sie vom streng Ricardoschen Standpunkte aus zu argumentieren glauben, wenn sie Rodbertus mit der Monopol-Preistheorie angreifen. Es fragt sich, ob dieser Glaube berechtigt ist.

Die Frage ist nicht nur für unser Problem von entscheidender Bedeutung, sondern auch von größter allgemeintheoretischer Wichtigkeit. Wir glauben sie mit aller Entschiedenheit im negativen Sinne beantworten zu können: die Monopol-Preistheorie, wie sie Lexis und Diehl vortragen, ist nicht nur unricardisch, sondern geradezu antiricardisch. Ricardo hat sie nicht nur nicht gelehrt, sondern hat sie im Gegenteil mit äußerster Schärfe und bewundernswerter Folgerichtigkeit bekämpft und, wie wir sehen werden, mußte er sie bekämpfen. Streng genommen wäre mit dem Nachweis, daß Diehl das Rodbertussche Problem formal verfehlt hat, eine weitere Erörterung seines Rettungsversuchs unnötig; und es bliebe nur noch der Lexissche Versuch zu beurteilen, der ja nicht anders abgewiesen werden kann als durch den Nachweis, daß sich das Rodbertussche Problem dennoch, auch ohne Monopol-Preistheorie, mit den Mitteln der Ricardoschen Lehre lösen läßt.

Dennoch glauben wir, der tieferen Erfassung des gesamten Problems der Grundrente einen nicht kleinen Dienst zu erweisen, wenn wir über jenen formalen Fehler fortsehen und zeigen, daß Diehls Lösung nicht nur nicht rodbertisch, sondern vor allem auch nicht ricardisch ist.

b) Der Diehlsche Rettungsversuch. Ricardo und die Monopol-Preistheorie.

Diehl stellt in seinem schon zitierten Werke seine Auffassung, daß Ricardo die Monopolpreistheorie als Erklärung gewisser realer Erscheinungen zugelassen habe, ausführlich und mit Berufung auf eine Anzahl von Sätzen des Meisters dar. Er schreibt unter dem Titel: „3. Die Rente als absolute Rente. Die Monopolrente“ folgendes [1]):

„Es ist eine Eigentümlichkeit der Ricardoschen Theorie, daß sie die schlechteste Bodenklasse oder richtiger die ungünstigste Kapitalanlage auf dem Boden rentelos sein läßt: die Rente ist unter der Voraussetzung, die Ricardo selbst macht, nur Differentialrente, keine allgemeine Rente. Die Voraussetzungen, von denen er ausgeht, sind die, daß entweder noch Boden schlechtester Qualität frei okkupierbar ist, so daß die Konkurrenz dieser Bodenbebauer

[1]) l. c. S. 169.

untereinander die Bildung eines Monopolpreises unmöglich macht, oder aber, daß, wenn aller Boden okkupiert ist, die neuen Kapitalzusätze immer noch lohnende Erträge abwerfen; ist letzteres aber nicht mehr der Fall, weil weitere Kapitalzusätze nicht mehr vorteilhaft auf den Boden angelegt werden können und deshalb eine weitere Ausdehnung der landwirtschaftlichen Produktion zu den alten Preisen unmöglich ist, dann kommt der Monopolcharakter des Bodens tatsächlich zum Vorschein, und aller Boden bzw. alle Kapitalanlagen auf dem Boden werfen Rente ab. Ricardo leugnet nicht, daß diese Eventualität einmal eintreten kann; aber da er es als eine sehr entfernte Zukunftsmöglichkeit ansah, hat er diesen Fall nicht eingehend behandelt; aber er weist doch deutlich genug auf diese Möglichkeit hin."

Von diesen Sätzen ist nur der erste völlig richtig und in der Tat eine gute und knappe Darstellung der Lehre. Von da an ist aber fast alles unhaltbar, beruht vom Anfang bis zum Ende auf Mißverständnissen der Ricardoschen Theorie. Wir werden dieses harte Urteil sehr sorgfältig zu begründen haben.

1. Die Okkupation des Bodens.

Diehl sagt: „Die Voraussetzungen, von denen er (Ricardo) ausgeht, sind die, daß noch entweder Boden schlechtester Qualität frei okkupierbar ist [1]), so daß die Konkurrenz dieser Bodenbebauer untereinander die Bildung eines Monopolpreises unmöglich macht..." Von dieser angeblichen Voraussetzung Ricardos steht kein Wort in seinen Schriften, und Diehl selbst, der so viel und exakt zitiert, kann keine Stelle anführen, die diesen Sinn auch nur annähernd hätte.

Dabei wollen wir noch nicht einmal über den sehr unglücklichen Ausdruck „Boden schlechtester Qualität" rechten, sondern annehmen, daß Diehl hier von Boden spricht, der dem jeweilig in Anbau befindlichen „Grenzboden" an Qualität nachsteht. Aber auch in dieser Fassung steht der Satz weder dem Wortlaut noch dem Sinne nach in Ricardo, — und kann, wie wir sehen werden, auch gar nicht darin stehen. Diehl hat in Sätze von ganz anderem

---

[1]) Vgl. den fast identischen, oben angeführten Wortlaut S. 279.

Sinne durch schwere Mißverständnisse seine Auffassung hineingelesen. Wir werden diese Sätze sofort zitieren, wollen aber zuvor Diehls Auffassung in dieser Frage noch näher betrachten.

An den folgenden Stellen spricht er augenscheinlich von diesem Gegenstande:

„Absolute Rente könnte nur dann eintreten, wenn aller Boden Monopolbesitz geworden ist — dies ist ein Fall, den Ricardo nur ganz kurz streift, bei seiner grundlegenden Betrachtung aber außer acht läßt.“ [1])

An anderer Stelle bemerkt er gegen Knies: „Ricardos Behauptung, daß der schlechteste Boden keine Rente trage“ (auch hier handelt es sich nicht um den absolut schlechtesten, sondern um den geringsten jeweilig in Anbau befindlichen Boden) „gilt immer nur unter der ökonomischen Voraussetzung, von der er ausgeht, daß Boden noch frei zu haben ist; fällt diese Voraussetzung fort, so hat auch die genannte Behauptung keinen Sinn mehr.“ [2])

Und auf der folgenden Seite heißt es: „Das, was Ricardo zur Voraussetzung seiner Theorie macht, daß nämlich noch Boden zur freien Verfügung der Ansiedler vorhanden ist, worauf er seine Annahme stützte, daß die ungünstigste Bodenanlage keine Rente trüge, ...“

Besonders charakteristisch ist schließlich folgende Ausführung:

„Es gibt drei hauptsächliche Möglichkeiten betreffs des Vorkommens der Grundrente je nach den ökonomischen Verhältnissen des betreffenden Landes.

a) In neu besiedelten Ländern mit Überfluß an frei okkupierbarem Boden erster Qualität kann es keine Rente geben....

b) Die Rente tritt erst bei vorgeschrittener Kultur in Erscheinung, aber nicht als absolute Rente, sondern nur als partielle Rente, d. h. als ein nur gewissen Bodenklassen zukommender Extragewinn.

---

[1]) Diehl l. c. S. 165.

[2]) l. c. S. 234.

c) Erst wenn aller Boden Monopolbesitz geworden ist[1]), gibt es eine allgemeine Rente. Wann dieser Fall eintritt, ist für jedes Land und für jede Zeit quaestio facti..."

Mit jenen anderen Stellen zusammengehalten, kann diese Ausführung unmöglich anders gedeutet werden, als daß Diehl von dem Augenblicke an, wo nicht mehr „Boden zur freien Verfügung der Ansiedler steht", allen Boden zum „Monopolbesitz" werden läßt, der eine allgemeine, d. h. absolute Rente, eine Monopol-Preisrente erhält.

Diehl steht mit dieser Meinung nicht allein. Unter andern vertritt auch Lexis die gleiche Auffassung. Wir zitieren aus seiner schon angeführten kritischen Abhandlung „Zur Kritik der Rodbertusschen Theorien" eine sehr charakteristische Ausführung[2]): „Sehen wir . . . von dem unmittelbaren Gebrauchswert und dem dadurch bedingten Verkehrswert des okkupierten Bodens ab und betrachten denselben nur als Produktionsmittel der notwendigsten Lebensbedürfnisse. Es ist einleuchtend, daß er auch als solcher einen Preis erhalten muß, sobald es in dem betreffenden Gebiete nicht mehr möglich ist, konkurrenzfähigen freien Boden unentgeltlich in Besitz zu nehmen. Wir nehmen dabei zunächst an, daß der ganze Boden des Gebiets von gleicher Güte ist. Solange unter dieser Voraussetzung die Okkupation nicht vollständig ist, haben die Grundstücke noch keinen Kapitalwert, und ihre Besitzer beziehen keine privatwirtschaftliche Grundrente, sondern haben nur vermöge ihres Kapitalbesitzes Anteil an der Gesamtrente der Unternehmerklasse. Ist aber kein freier Boden mehr übrig, und nimmt die Bevölkerung weiter zu, so entwickelt sich die privatwirtschaftliche Grundrente. Denn es ist unzweifelhaft, wenigstens von einem gewissen Punkte an, nicht mehr möglich, den Ertrag eines begrenzten Grundstückes fortwährend proportional dem aufgewandten Kapital zu vermehren. Die Grundbesitzer werden also dann imstande sein, für ihre Produkte Preise aufrechtzuerhalten, in denen außer ihrem Kapitalgewinn auch noch

---

[1]) Im Original nicht gesperrt.

[2]) l. c. S. 470. Im Original nicht gesperrt.

ein weiterer Zuschlag zu ihren Gunsten enthalten ist . . . . . Ist der Boden .... von verschiedener Qualität, so erzielen die Besitzer der besseren Grundstücke natürlich höhere Grundrenten, als die der geringeren, ... jedoch kann auch die niedrigste der benutzten Bodenklassen Grundrente abwerfen, wenn eben kein freier Boden dieser Gattung mehr vorhanden ist.

„So erhält also jedes Grundstück in einem völlig okkupierten Gebiete .... einen besonderen Kapitalwert, d. h. der Besitzer desselben ist imstande, zu den Selbstkosten seiner Erzeugnisse, nachdem er bereits seinen eigentlichen Kapitalgewinn in Rechnung gebracht, noch einen größeren oder geringeren Zuschlag zu machen, ohne daß die Konkurrenz der übrigen Grundbesitzer den auf diese Art zusammengesetzten Preis herabdrückte. Der Entstehungsgrund dieser privatwirtschaftlichen Grundrente liegt einfach in der schließlich hervortretenden Monopolstellung des Grundbesitzes, indem sowohl die Grundstücke der besseren Klassen, wie auch in einem begrenzten Kulturgebiete der Boden überhaupt, nur in einer beschränkten Ausdehnung vorhanden sind".

Auch hier besteht ganz zweifellos die gleiche Vorstellung, daß nach voller Okkupation des gesamten Bodens allgemeine, absolute, d. h. Monopol-Preisrente entstehen muß, so daß auch die „niedrigste der benutzten Bodenklassen Grundrente abwerfen muß". Noch klarer ist dieselbe Auffassung in folgenden Worten an anderer Stelle ausgesprochen [1]: „Wenn man indes die bei Ricardo selbstverständliche Voraussetzung annimmt, daß von dem Boden der letzten Klasse noch Überfluß vorhanden sei und jedermann noch solchen okkupieren könne, so erscheint die Ansicht der englischen Schule theoretisch gerechtfertigt ...." (daß nämlich die unterste Bodenklasse nur Kapitalgewinn und keine Grundrente mehr abwerfe).

„Stillschweigend liegt freilich bei Ricardo auch die Annahme zugrunde, daß die Grundstücke der letzten Klasse auch in bezug auf ihre Marktlage völlig gleichartig sind. Wenn indes auch diese Bedingung erfüllt wäre, so könnte allerdings dadurch, daß der über-

[1]) Art. Grundrente im Hdwb. d. St. W. 2. Aufl., IV, S. 882/3.

schüssige Boden dieser Klasse bereits im Eigentum einzelner Personen stände, auch für diesen eine Grundrente erzwungen werden[1]), indem die Eigentümer denselben nicht in dem Maße anbauen ließen oder selbst anbauten, wie es der fortschreitenden Nachfrage der Bevölkerung entspräche. Diese Möglichkeit ist aber eben von Ricardo nicht vorausgesetzt".

Wir wollen darüber hinwegsehen, daß der Satz, wie er dasteht, augenscheinlich keinen Sinn ergibt. Denn es ist unmöglich, daß auf dem Boden, den seine Eigentümer vom Anbau zurückhalten, Rente entstehe. Wenn er keinen Ertrag bringt, bringt er auch keine Rente, weder Differential- noch Monopol-Preisrente. Letztere bringt er allerdings unter der von Lexis gemachten Voraussetzung, aber nicht, wie er unzweideutig sagt, auf den vom Anbau zurückgehaltenen, sondern auf den schon bebauten Böden, da der steigenden Nachfrage kein entsprechendes Angebot antwortet. Und das hat Lexis denn wohl auch gemeint.

Wie dem auch sei, jedenfalls finden wir bei beiden Autoren die gleiche Vorstellung, daß nach Übergang allen Landes in das Privateigentum absolute Rente entstehe, m. a. W., daß aller Boden, auch der der untersten der angebauten Klassen, Grundrente abwerfe. Und wir finden ferner, wie gesagt, bei beiden Autoren die Vorstellung, daß sie sich hier in voller Übereinstimmung mit Ricardo befinden. Dieser Glaube ist irrig: er beruht auf der falschen Deutung einiger Ricardoschen Sätze.

Die wichtigste Stelle ist die folgende[2]):

„Nach den allgemein bekannten Grundgesetzen von Begehr und Angebot kann für die Benutzung solchen Bodens aus dem angeführten Grunde keine Rente bezahlt werden, ebenso wie für den Gebrauch von Luft und Wasser oder irgend einer anderen Gabe der Natur, welche in unbegrenzter Menge vorhanden ist, auch nichts gegeben wird. Mit einer gegebenen Menge von Stoff, mit Hilfe des Druckes der Luft und mit der Federkraft des Dampfes können Maschinen Arbeit verrichten und die menschliche Arbeit sehr be-

---

[1]) Im Original nicht gesperrt.

[2]) Ricardo l. c. S. 42/43.

deutend abkürzen; aber für den Gebrauch dieser natürlichen Hilfsmittel bezahlt man nichts, weil sie unerschöpflich sind und jedermann frei zu Gebote stehen. Auf dieselbe Art machen der Brauer, Brenner, Färber ohne Unterlaß Gebrauch von Luft und Wasser zum Behufe der Hervorbringung ihrer Güter, allein, da ihre Menge grenzenlos ist, so haben sie keinen Preis. Wenn aller Boden die nämlichen Eigentümlichkeiten hätte, wenn seine Flächenausdehnung keine Grenzen hätte, wenn derselbe allgemein von gleicher Beschaffenheit wäre, so könnten für dessen Benutzung keine Lasten bedungen werden, ausgenommen, wo er mit seiner Lage ganz besondere Vorteile gewährete. Es wird demnach bloß aus dem Grunde eine Rente entrichtet, weil der Boden nicht in unendlicher Menge und allgemein gleicher Beschaffenheit vorhanden ist und bei zunehmender Bevölkerung Boden von geringerer Beschaffenheit oder weniger vorteilhafter Lage zum Anbaue genommen wird. Sobald infolge des Fortschreitens der Gesellschaft Boden von Fruchtbarkeit zweiten Grades zum Anbaue genommen wird, so beginnt die Rente unmittelbar auf jenem erster Güte, und der Betrag dieser Rente richtet sich nach dem Unterschiede der Beschaffenheit dieser zweierlei Bodenarten."

Ähnlich heißt es Seite 45:

„Wenn nun also gutes Gelände in viel größerem Überflusse vorhanden, als zur Erzeugung der Nahrungsmittel für eine steigende Bevölkerung erforderlich ist, oder auch, wenn ins Unendliche hinaus Kapital ohne Ertragsverminderung auf alten Boden angewendet werden könnte, dann würde kein Steigen der Rente stattfinden können. Denn sie geht ohne Ausnahme aus der Anwendung eines Arbeitszusatzes von einem verhältnismäßig geringeren Erträgnisse hervor."

An einer letzten Stelle kehrt Ricardo die Beweisführung um, um zu zeigen, daß sie auch so noch das gleiche Resultat ergibt:[1])

„Wäre Luft, Wasser, Federkraft des Dampfes und Druck der Luft von verschiedener Art und Beschaffenheit; könnten sie in ausschließlichen Besitz genommen werden und wäre eine jede Art und

---

[1]) l. c. S. 48/49.

Beschaffenheit in mäßigem Vorrate vorhanden, dann würden sie so gut wie der Boden eine Rente geben, so wie sie nämlich allmählich mit abnehmender Güte nacheinander in Benutzung genommen würden. Mit jeder Anwendung einer schlechteren Art davon müßte jedesmal auch der Tauschwert der Güter, bei deren Verfertigung sie gebraucht wurden, steigen, weil eben gleiche Mengen von Arbeit immer weniger hervorbrächten."

Man kann diese Stellen mit der Lupe betrachten und wird nie etwas anderes darin finden können, als daß Ricardo unter der Voraussetzung unbegrenzten freien Bodens von gleicher Qualität, der jedermann zur Okkupation offen steht, die Bildung von Differentialrente für unmöglich erklärt hat: aber wie man aus ihnen herauslesen kann, daß er bei Fortfall dieser Bedingungen die Bildung von Monopolrente für nur möglich, geschweige denn für notwendig gehalten hat, das vermögen wir nicht zu erkennen.

Ricardo sagt hier klipp und klar, daß auch Luft und Wasser Differentialrente geben würden, wenn sie nicht in unbegrenzter Menge vorhanden wären und angeeignet werden könnten, und wenn sie von verschiedener Art und Beschaffenheit wären. Hätte er hier an eine Monopolrente gedacht, so hätte er sich die Hinzufügung dieser letzten Bedingung sparen können; denn nach der einfachen Monopol-Preistheorie genügt die Aneignung des ganzen Vorrats völlig, um die Bildung einer Monopolrente zu erklären. Und umgekehrt würde auch Land keine Differentialrente abwerfen, wenn es, wie Wasser und Luft, in unbegrenzter Menge und, das ist die entscheidende Bedingung, nicht die Aneignung, in ganz gleicher Art und Beschaffenheit vorhanden wäre.

Keinesfalls erzwingt der Wortlaut dieser Stellen die Deutung, daß Ricardo in ihnen die Anschauung habe entwickeln wollen, daß nach Okkupation allen Bodens absolute Grundrente entstehen müsse oder auch nur könne. Im Gegenteil, wir sind der Meinung, daß der Wortlaut diese Deutung geradezu ausschließt. Sollte aber der Wortlaut Zweifel über seinen Sinn lassen, dann hat man die Theorie in ihrem ganzen Zusammenhange zu Rate zu ziehen, um zu erkennen, was der Denker hier hat sagen wollen und müssen.

Tut man das aber, dann ergibt sich u. E. mit aller Gewißheit, daß die Diehl-Lexissche Deutung ganz und gar unmöglich ist.

Die Erörterung geht, um es noch einmal mit aller Schärfe herzusetzen, um die Frage, ob das Grenzprodukt bei voller Okkupation Grundrente trägt oder nicht. Ist es der Fall, so hat die Monopoltheorie recht; gibt Ricardo zu, daß es unter dieser Voraussetzung der Fall sein kann, so erkennt er die Monopoltheorie für diesen Fall an, und Diehl und Lexis haben ihn richtig verstanden.

Es kann aber gar keine Rede davon sein, daß Ricardo dieses Anerkenntnis macht. Im Gegenteil behauptet er immer und überall, daß das „Getreide" unter allen Umständen (also auch bei voller Okkupation alles verfügbaren Bodens) auf die Dauer auf seinem natürlichen Preise stehen müsse. Er läßt nur eine einzige Ausnahme zu, diejenige des in der Einleitung erwähnten „Casus hypotheticus irrealis". Darauf werden wir sofort ausführlichst eingehen; hier interessiert uns zunächst nur die Feststellung, daß diese Einschränkung die „volle Okkupation" nicht betrifft.

Von jener einen Ausnahme abgesehen wiederholt er unaufhörlich als Kernsatz seiner Theorie, daß das Grenzprodukt immer die Grundrente Null trägt: „Dasjenige Getreide, welches durch die größte Arbeitsmenge erzeugt wurde, ist der Bestimmer der Getreidepreise; und die Rente ist auch nicht im mindesten ein Bestandteil der letzteren und kann es auch nicht sein". Und er fügt in einer Anmerkung hinzu: „Das klare eigentliche Verständnis dieses Grundgesetzes ist, ich bin dessen überzeugt, von der allergrößten Wichtigkeit für die Volkswirtschaftslehre". Er schließt den Absatz mit einer Polemik gegen A. Smith's Wertlehre: „Rohstoffe wandeln in die Zusammensetzung der meisten Güter hinein, aber ihr Tauschwert, so gut wie der des Getreides, wird durch die Hervorbringungsfähigkeit desjenigen Teiles des Kapitals, der zuletzt auf den Boden verwendet wurde und keine Rente bezahlt, bestimmt: und darum ist die Rente kein Bestandteil des Preises der Güter".[1])

---

[1]) Ricardo, l. c. S. 51. Im Original nicht gesperrt. Vgl., dazu die Bemerkungen gleichen Inhalts S. 296 ebenfalls gegen Smith bei Gelegenheit der Debatte über die Bergwerksrente.

Weiter unten bemerkt er gegen Say: „Ich sehe die Rente immer als Ergebnis eines teilweisen Monopols an und bin der Ansicht, daß sie niemals den Preis bestimmt, sondern eher eine Folge desselben ist.“[1]) Und noch einmal betont er gegen Malthus: „Die Rente ist die Wirkung und nicht die Ursache des hohen Preises, und es befindet sich immer eine Bodenklasse in Anbau, welche gar keinerlei Rente abwirft und deren Getreideerwachs durch seinen Preis bloß den Arbeitslohn und Gewinn einträgt. [2])“

Die letztangeführten Worte sind im Ausdruck nicht vollkommen korrekt. Worauf es Ricardo ankommt, ist die in den beiden anderen, eben zitierten Ausführungen enthaltene Feststellung, daß das Grenzprodukt oder, was ganz dasselbe sagt, das Grenzkapital niemals Rente trägt; und nichts anderes will er sagen, wenn er hier, nicht ganz korrekt, ausspricht, daß der Grenzboden niemals Rente trägt. Diese Deutung ergibt sich nicht nur aus dem Zusammenhang zwingend, sondern kann auch unmittelbar belegt werden. Er spricht mehrfach ausdrücklich aus, daß er nur so verstanden werden will. Wir bringen zum Beweise einige charakteristische Stellen. Er schreibt in einem Brief an Mc. Culloch[3]): „Say versucht zu zeigen, daß es keinen Boden gibt, der keine Rente trägt, und meint, daß ich dann widerlegt sei, wobei er nie den anderen Punkt bemerkt, auf den ich das größte Gewicht lege, daß in jedem Lande ein Teil des Kapitals, welches auf bereits in Kultur befindlichen Boden verwandt wird, vorhanden ist, für welches keine Rente bezahlt wird, oder richtiger, daß keine Zusatzrente bezahlt wird infolge der Verwendung solchen zusätzlichen Kapitals.“ An Say selbst schreibt er über diese Frage: „Mein Gedankengang betreffend Rente, Profit und Steuern basiert auf der Annahme, daß es in jedem Lande Grundstücke gibt, welche keine Rente zahlen — oder, daß Kapital auf bereits angebaute Ländereien verwandt wird, wofür

---

[1]) l. c. S. 252. Im Original nicht gesperrt.

[2]) l. c. S. 379. Im Original nicht gesperrt.

[3]) Diehl, l. c. S. 170. Im Original nicht gesperrt.

keine Rente gezahlt wird. Sie antworten auf den ersten Teil des Satzes und erwähnen nicht den zweiten; man darf sie aber nicht trennen."

Dasselbe sagt folgende, gleichfalls von Diehl angezogene Stelle aus den „Principles"[1]: „Wenn es wahr wäre, daß England im Bodenbau so weit vorgeschritten sei, daß es daselbst zurzeit keine Ländereien mehr gäbe, die keine Rente tragen, so würde es nicht minder wahr sein, daß es früher daselbst solche Ländereien gegeben haben muß, und daß es für diese Frage ganz ohne Bedeutung ist, ob es daselbst solche gibt oder nicht; denn es ist, wenn in Großbritannien Kapital auf Boden verwendet wird, der bloß Ersatz für das Kapital samt dem üblichen Gewinnste ergibt, ganz einerlei, ob es auf altem oder auf neuem Boden verwendet wird."

Aus diesen Auslassungen ergibt sich unzweideutig: Ricardo glaubt zwar, daß sich in jedem „Lande", — wir würden sagen: Wirtschaftskreise — ein angebauter Boden finden wird, der keine Grundrente trägt, aber er kann es nicht beweisen und hat auch gar nicht nötig, es zu beweisen. Denn, selbst wenn sich die praktisch unmögliche Feststellung machen ließe, daß der geringste in den Anbau einbezogene Boden eines Landes Grundrente trägt, so wäre gegen seine Theorie noch gar nichts bewiesen, solange man ihm nicht auch demonstrieren kann, daß das letzte, das heißt das mindest ergiebige Kapital Grundrente trägt. Erst wenn ihm dieser Nachweis erbracht ist, ist die Monopoltheorie bewiesen; solange aber das Grenzkapital die Rente Null trägt, steht das Getreide auf seinem natürlichen Preise, existiert nur Differentialrente.

Das ist der eigentliche Kern der Ricardoschen Grundrententheorie: nicht, wie so oft mißverständlich angenommen wird, die Herleitung der Rente aus dem Gesetz der sinkenden Erträge, nicht die Ableitung der Rentendifferenzen aus den natur- und verkehrsgegebenen Unterschieden

---

[1]) Ricardo, l. c. S. 295.

der Rentierung, sondern die Feststellung, daß, wenn schon nicht Grenzboden mit der Rente Null, so doch unter allen Umständen ein Grenzprodukt mit der Rente Null vorhanden sein muß, und daß daher das „Getreide" niemals einen Monopolpreis haben kann.

Daran ändert sich auch nichts, wenn der ganze Boden eines Landes durch das Privateigentum einzelner okkupiert, dem Zugriff „jedermanns" entzogen ist. Ricardo hat das nicht behauptet und konnte es nicht behaupten. Lexis stellt es freilich in den angeführten Stellen so dar, als habe Ricardo seine Grundrententheorie unter voller Abstraktion von der ihm wohlbekannten Tatsache aufgestellt, daß die Kulturländer längst in diesem juristischen Sinne „okkupiert" waren. Das heißt nichts anderes, als Ricardo nachsagen, er habe seine Theorie in den leeren Raum gebaut; heißt kaum weniger als einem Physiker nachsagen, er „abstrahiere" bei seinen Untersuchungen über die Mechanik von der Schwerkraft. Nein, Ricardo hatte durchaus die gleiche Absicht, die jeder ernste Forscher hat: die realen Tatsachen seines Arbeitsgebietes zu erklären. Nichts lag ihm ferner als derartige logische Spielereien, die von der Wirklichkeit völlig abgelöst waren[1]). Wenn ein berühmter Forscher vom Range eines Lexis, durch Gelehrsamkeit und Scharfsinn gleichmäßig hervorragend, dem scharfsinnigsten Meister der deduktiven Schule derartige Dinge zutraut, dann kann man sich allerdings nicht mehr wundern, wenn das Urteil der dii minorum gentium über die deduktive Methode so überaus wegwerfend, ja verächtlich ausfällt!

Ricardo konnte diese Theorie von der Entstehung der Monopol-Preisrente durch die Okkupation allen nutzbaren Landes

---

[1]) Fonteyrand beurteilt R. richtiger, wenn er in seiner Einführung zu den Œuvres complètes (Paris 1882, p. II) schreibt:

„Il fait bon marché de tout cet art qui consiste à disposer symétriquement des syllogismes, à jongler avec des prémisses et des conséquences; il veut un triomphe réel au bout de chaque triomphe de logique, et si sa phrase marche, c' est pour arriver et non pour faire voir en marchant sa grace et sa souplesse. En un mot, et jusque dans ses principes, Ricardo écrit sous la dictée des événements et en vue d'un progrès réel, palpable."

aber nicht nur aus dem Grunde nicht vortragen, weil er damit seine eigene Theorie, die ja angeblich von der allgemeinen Tatsache dieser Okkupation absehen soll, als eine bloße Gedankenspielerei im leeren Raume hingestellt hätte, sondern auch noch aus einem anderen, ebenso durchschlagenden Grunde. Es war ihm aus psychologischen Ursachen ebenso unmöglich, der Okkupationstheorie Zugeständnisse zu machen, wie es ihm logisch möglich gewesen wäre.

Denn die Lehre, daß die Okkupation des ganzen nutzbaren Landes den Grundeigentümern ein Monopol in die Hand gebe, mittels dessen sie die Nichteigentümer ausbeuteten, war die Lehre der Sozialisten. Gerade zur Bekämpfung dieser feindlichen Theorie — wir erinnern an die Ausführungen in der Einleitung — schuf Ricardo seine Grundrentenlehre: und da hätte er jene selbst vortragen sollen?!

Die bürgerliche Theorie war gegen die eine Fassung der sozialistischen Okkupationslehre, daß der Arbeiter, durch Abzug von seinem natürlichen Arbeitslohn, als Produzent ausgebeutet werde, gegen die „Monopol-Lohn-Theorie", durch die Lehre vom Lohnfonds genügend verteidigt. Daher mußte es Ricardos ganzes Bemühen sein, auch die zweite Fassung der sozialistischen Okkupationslehre, die „Monopol-Preis-Theorie" durch den Nachweis zu widerlegen, daß trotz der Okkupation allen nutzbaren Bodens durch das Privateigentum dennoch die Nahrungsmittel niemals auf die Dauer (abgesehen von einem einzigen, vielleicht nie eintretenden, gewiß sehr fernen Grenzfall, den wir sofort eingehend darlegen werden), einen Monopolpreis erhalten können, d. h. daß der Arbeiter durch die Okkupation auch als Konsument nicht leide.

Diesen entscheidenden Nachweis hat Ricardo, wenn man seine Prämissen, die Arbeitswerttheorie und das Gesetz der sinkenden Erträge, als richtig zugibt, in der Tat in unwiderleglicher Weise geliefert. Die letzten möglichen Zweifel werden hoffentlich im nächsten Kapitel zerstreut werden. Und da liest man in ihn nicht nur Zugeständnisse an die von ihm gerade dadurch widerlegte sozialistische Monopol-Preistheorie hinein, sondern man läßt ihn geradezu vor ihr kapitulieren?!

Der logische Grund des Lexis-Diehlschen Mißverständnisses ist hier wie überall in solchen Streitfragen eine echte quaternio terminorum, hervorgerufen durch die Zweideutigkeit des Wortes „okkupieren". Okkupieren heißt das eine Mal: den Boden als privates Eigentum mit Beschlag belegen; das andere Mal bedeutet es: unbenutzten Boden in Anbau ziehen. Das erste ist ein rechtlicher, das zweite ein wirtschaftlicher Begriff. Beide müssen für die theoretische Betrachtung auf das schärfste auseinandergehalten werden, wenn auch unter der heutigen Rechtsordnung sehr oft die rechtliche Okkupation zeitlich mit der wirtschaftlichen zusammenfallen mag.

Ricardos Voraussetzung ist nun niemals die Möglichkeit unbeschränkter rechtlicher, sondern nur die Möglichkeit unbeschränkter wirtschaftlicher Okkupation. Es ist für seine Theorie völlig gleichgültig, ob Grund und Boden, der bisher unter der Anbaugrenze lag und deshalb keine Grundrente abwarf, bereits im Rechtseigentum eines Mitgliedes der Gesellschaft steht oder nicht. Sondern es kommt nur darauf an, daß überhaupt noch Boden von geringeren Klassen, als die bisher angebauten, wirtschaftlich zur Nahrungsmittelproduktion herangezogen werden kann; ja nicht einmal das ist strikte conditio sine qua non, sondern die eigentliche Bedingung, unter der die Bildung des Monopolpreises und der absoluten Rente unmöglich ist, ist die, daß noch neue Zusatzkapitale, die auf schon angebauten Boden angewendet werden, Erträge bringen. Das ist eben ausführlich nachgewiesen. Wenn Ricardo also von freiem Boden spricht oder freien Boden voraussetzt, so meint er nicht herrenlosen, sondern ungenutzten Acker.

Das Eigentumsrecht sogar an allem nutzbaren Boden kann aber nach der Ricardoschen Theorie niemals zu einer Monopol-Preisrente führen. Nehmen wir den Fall, daß die Böden erster und zweiter Klasse bebaut seien; aller geringere Boden sei bereits in den Händen von Privatpersonen. Die Bevölkerung wächst, mit ihr die Nachfrage und der Getreidepreis, bis der

Punkt erreicht ist, wo der Boden dritter Klasse, wenn er bebaut wird, gerade Arbeitslohn und Kapitalgewinn einbringt, aber noch keine Rente. Jetzt ist der Fall denkbar, daß die Grundbesitzer keine Neigung verspüren, ihr eigenes Kapital auf die Klasse drei zu verwenden und den Boden selbst zu bewirtschaften, oder, daß sie kein eigenes Kapital von genügendem Umfang besitzen. Dann bleibt dieser Boden noch einige Zeit unbebaut, da kein Pächter Rente bieten kann. Steigt jetzt die Bevölkerung und mit ihr der Getreidepreis weiter, so erhalten Boden eins und zwei einen vorübergehenden Monopolpreis, da der steigenden Nachfrage kein entsprechendes Angebot antwortet. Von diesem Augenblick an sind Kapitalisten in der Lage, dem Grundbesitzer eine Rente anzubieten, und er wird sie nach der hier durchgängig geltenden Grundvoraussetzung des „economical man" akzeptieren. Boden drei kommt in Anbau, sein Grenzprodukt trägt die Rente Null, Boden eins und zwei beziehen die dem Unterschied des Ertrages entsprechende Differentialrente — und das Getreide steht wieder auf seinem natürlichen Preise; der vorübergehende Bezug eines kleinen Betrages, wenn man mathematisch deduziert: geradezu eines Differentials von Monopolrente hat sein Ende erreicht. Das aber hat Ricardo niemals behaupten wollen, daß das Urprodukt nicht „für eine Zeitlang zu einem Monopolpreise verkauft werden könne"[1]).

Umgekehrt würde sich nach Ricardo durchaus nichts ändern, wenn aller noch nicht wirtschaftlich okkupierter Boden auch rechtlich noch frei wäre, wenn also etwa ein Staatsgesetz das freie Okkupationsrecht durch die bei den Naturvölkern weit verbreitete „Rückennutzung" einschränkte. Der juristische Eigentumstitel an sich ist wertlos; er erhält seinen wirtschaftlichen Inhalt erst durch die „natürliche" Preisgestaltung. Ob schon vorher juristisch oder erst bei der wirtschaftlichen Okkupation angeeignet: der Boden trägt immer genau die gleiche Rente. Boden zwei erhält erst Rente, wenn der Getreidepreis zeigt, daß

---

[1]) Vgl. Ricardo l. c. S. 219.

Boden drei angebaut werden muß, ganz gleichgültig, ob Boden vier usw. schon seinen Eigentümer hat oder nicht.

Und so geht es bei steigender Bevölkerung und steigenden Getreidepreisen weiter zu den Böden vierter, fünfter, n-ter Klasse. Und sollte wirklich zuletzt aller Boden des betreffenden Landes „okkupiert", d. h. in den Anbau einbezogen sein, so folgt die Investition neuer Zusatzkapitale auf den Böden aller Klassen. Niemals kann hier Monopolrente entstehen, immer gibt es ein Grenzprodukt mit der Rente Null, immer steht das Getreide daher auf seinem natürlichen Preise. Mit einer einzigen Ausnahme!

2. Der Zeitpunkt der Krisis.

In der Tat kann nämlich nach Ricardo einmal ein Zeitpunkt eintreten, wo dennoch auch das Grenzprodukt eine Grundrente von mehr als Null trägt, wo mithin das Getreide über seinen natürlichen Preis hinaus auf einen Monopolpreis getrieben wird und die absolute, die Monopolrente das Feld beherrscht.

Wann tritt der Zeitpunkt dieser Krisis ein? Diehl nimmt in dieser Frage eine zwiespältige Haltung ein. Das eine Mal sagt er, daß Ricardo „diese Eventualität ... als eine sehr entfernte Zukunftsmöglichkeit ansah" [1]); das andere Mal stellt er es so dar, als habe Ricardo diesen Zeitpunkt in einzelnen Fällen als schon eingetreten betrachtet. Wir führen die in dem letzten Sinne gedeuteten Sätze zuerst an [2]):

„Daß Ricardo eine „absolute Rente" anerkennt, geht auch daraus hervor, daß er einmal gerade Amerika, das sonst als Muster eines Landes mit reichlichem „rentelosen" Boden gilt, als das Land anführt, wo aller Boden „Rente" zahle; diese Rente stellt sich nach Ricardo als Verzinsung des Kaufpreises dar: „In Amerika, meine ich, gibt es keinen Boden, für den nicht Rente gezahlt würde, aber dies ist in seinen eigentümlichen Einrichtungen begründet. Die Regierung ist Eigentümerin alles unkultivierten Bodens im Innern des Landes, welchen sie sich bereit erklärt zu verkaufen

---

[1]) Diehl, l. c. S. 169.

[2]) Diehl, l. c. S. 171/72.

und tatsächlich täglich verkauft zu dem mäßigen Preise von zwei Dollars für den Acre. — Die Rente muß demnach überall in Amerika mindestens zwei Dollars für den Acre ausmachen; aber diese Tatsache ändert an dem Prinzip nichts."

Ist es wirklich notwendig, für diese Sätze die Erklärung in Ricardos Sinne noch ausdrücklich zu formulieren? Er würde antworten, daß diese „Rente" gar keine Grundrente ist, sondern — Steuer. Denn der Begriff der Grundrente verliert jeden Sinn, wenn man ihn nicht auf das Einkommen von Privatsubjekten aus privatem Grundeigentum beschränkt. Als Steuer aber fällt diese Last unter dieselben Gesichtspunkte, unter denen Ricardo die Grundsteuern im allgemeinen behandelt. „Wenn eine Grundsteuer auf alles angebaute Land gelegt wird, so wird sie, wenn sie auch noch so mäßig wäre, eine Auflage auf Erzeugnisse sein und deshalb die Preise der Erzeugnisse steigern. Ist der Boden Nr. 3 zuletzt in Anbau genommen, so wird derselbe, wenngleich er keine Rente bezahlen sollte, nach der Umlage der Steuer nicht mehr bebaut werden und nicht den allgemeinen Gewinnstsatz ertragen können, wenn nicht die Preise der Erzeugnisse steigen, bis sie die Steuer vergütigen. Entweder wird Kapital von dieser Anlage zurückgehalten, bis der Getreidepreis infolge des Begehres hinlänglich gestiegen sein wird, um den üblichen Gewinn zu geben; oder es wird, wenn es bereits auf solchen Boden angewendet war, denselben verlassen, um eine vorteilhaftere Anlage zu suchen." [1])

Wir dürfen wohl annehmen, daß es nicht erforderlich ist, des breiteren auseinanderzusetzen, wie die Anwendung dieser für ein schon angebautes Land aufgestellten Sätze auf ein Land zu erfolgen hat, das erst erschlossen wird. Niemand wird bezweifeln wollen, daß auch hier, trotz der vom Staate erhobenen sogenannten Rente, die dem Grenzbauern zufließende Privatrente gleich Null ist.

Etwas ernster ist Diehls Hinweis darauf zu erörtern, daß Ricardo mehrfach von einer „ganz geringen Rente" spricht, die der schlechteste Boden abwirft. Diehl zitiert aus einem Briefe an I. B. Say: „Die Rente ist die Wirkung des Monopols, welches

---

1) Ricardo l. c. S. 152.

die Erde genießt, und muß sich mit dem Werte des Brotes erhöhen und mit den Schwierigkeiten, welche es macht, mehr davon zu bekommen. Aber das letzte Brot, welches diese Schwierigkeiten überwindet, bezahlt nur wenig oder gar keine Rente dem Eigentümer ....." [1])

Diese Stelle läßt verschiedene Auslegungen im Sinne Ricardos zu. Man könnte daran denken, daß wenn von einem einzelnen Brote die Rede ist, Ricardo sich daran erinnert, daß sein Rentengesetz natürlich nur für den Durchschnitt, d. h. unter der Voraussetzung eines mit dem „Werte" genau übereinstimmenden Preises des Urproduktes Geltung habe. Im einzelnen Falle aber kann natürlich der Preis über dem Werte stehen, und dann wirft das Produkt einer solchen günstigen Periode dem Landwirt ein Surplus, eine sehr geringe Rente, ab.

Uns will jedoch eine andere Erklärung wahrscheinlicher bedünken. Ricardo läßt, wie wir mehrfach darstellten, die Preissteigerung des Getreides zeitlich der Ausdehnung des Anbaus und der Investition neuen Kapitals vorangehen. In dieser Zwischenzeit, bis also die neuen Kapitale bereitgestellt, angelegt und wirksam geworden sind, haben alle Grenzböden und alle Grenzkapitale einen kleinen, schnell vorübergehenden Vorteil an dem den „natürlichen Preis" etwas überschreitenden Getreidepreise. Hier entsteht in der Tat, wenn man es auf Spitz und Knopf nehmen will, auf sehr kurze Zeit ein Differential von Monopolrente. Wenn wir die Briefstelle an Say richtig deuten, dann haben wir hier einen von den Fällen, wo „das Getreide eines Landes wohl für eine Zeitlang zu einem Monopolpreise verkauft werden kann." [2])

Damit dürften diejenigen Stellen befriedigend im Sinne der Naturrechtslehre gedeutet sein, die Diehl als Belege für seine Auf-

[1]) Diehl l. c. S. 173.

[2]) „Auf die nämliche Weise kann das Getreide mit jeder Zunahme der Nachfrage danach so hoch steigen, daß es dem Pächter mehr als den allgemeinen Gewinn einbringt.....Nachdem das erforderliche Kapital zu seiner Hervorbringung angewendet worden ist .... wird der Gewinn wieder sein wie zuvor." (Ric. l. c. S. 92.)

Auf S. 91 erörtert er den gleichen Fall eines vorübergehenden Monopolpreises, wenn der durchschnittliche Profitsatz sinkt.

fassung anzieht, daß Ricardo die Monopoltheorie in einzelnen Fällen als schon in Kraft befindlich ansieht. Wir wenden uns jetzt zu den viel wichtigeren Sätzen, aus denen nach Diehl hervorgeht, daß Ricardo die Entstehung der Monopolrente „als eine sehr entfernte Zukunftsmöglichkeit ansah" [1]). Es sind deren namentlich zwei:

Die eine haben wir bereits einleitend angeführt; es ist unser „Casus hypotheticus irrealis". Wir setzen die ungemein wichtige, bisher, wie es scheint, immer mißverstandene Stelle noch einmal hierher:

„Das Getreide und die Roherzeugnisse eines Landes können wohl für eine Zeitlang zu einem Monopolpreise verkauft werden; aber sie können es a u f d i e D a u e r nur, wenn kein Kapital mehr vorteilhaft auf die Grundstücke angelegt werden kann und wenn deshalb ihr Produkt nicht vermehrt werden kann. Dann wird jedes in Bebauung befindliche Stück Land und j e d e r T e i l des auf den Boden angewandten Kapitals eine Rente tragen, die natürlich im Verhältnis zur Verschiedenheit des Ertrages verschieden groß ist." [2])

Die zweite Stelle findet sich fast unmittelbar anschließend: „Ich hoffe, ich habe zur Genüge klar gemacht, daß, bis ein Land in allen seinen Teilen bebaut ist, und zwar i m h ö c h s t e n G r a d e, immer ein Teil des Kapitals auf Boden verwendet ist, d e r k e i n e R e n t e a b w i r f t." [3])

In diesen beiden Stellen anerkennt Ricardo, das ist nicht zu bestreiten, allerdings klipp und klar eine Ausnahme von seinem Kernsatz, daß das Grenzprodukt niemals Rente tragen kann; er gibt, mit andern Worten, zu, daß unter bestimmten Bedingungen absolute, Monopolrente entstehen kann.

Worin bestehen diese Bedingungen, wann sind sie gegeben?

Diehl hat in der zu Anfang dieser Betrachtung über die Monopoltheorie angeführten Auseinandersetzung die beiden eben formu-

---

[1]) l. c. S. 169.

[2]) Ricardo, l. c. S. 219. Gesperrte Stellen im Original nicht gesperrt.

[3]) Ricardo, l. c. S. 220/1. Im Original nichts gesperrt.

lierten Unterfragen dieser Hauptfrage zu beantworten unternommen. Es handelt sich jetzt um die zweite der „Voraussetzungen", unter denen, nach Diehl, Ricardo das Entstehen von Monopolrente für möglich erklärt. (Die erste war, wie man sich erinnert, die hoffentlich nunmehr abgetane Okkupationstheorie.) Wir setzen die Worte Diehls noch einmal hierher:

Allgemeine, absolute Rente kann nicht entstehen unter der Voraussetzung, „daß, wenn aller Boden okkupiert ist, die neuen Kapitalzusätze immer noch lohnende Erträge abwerfen — ist letzteres aber nicht mehr der Fall, weil weitere Kapitalzusätze nicht mehr vorteilhaft auf den Boden angelegt werden können und deshalb eine weitere Ausdehnung der landwirtschaftlichen Produktion zu den alten Preisen unmöglich ist, dann kommt der Monopolcharakter des Bodens tatsächlich zum Vorschein und aller Boden resp. alle Kapitalanlagen auf den Boden werfen Rente ab" [1]).

In diesen Sätzen ist die erste der beiden Unterfragen völlig richtig beantwortet: in der Tat kann nach Ricardo ein Monopolpreis und absolute Rente nur dann entstehen, wenn „weitere Kapitalzusätze nicht mehr vorteilhaft auf den Boden angelegt werden können".

Dagegen ist die zweite Unterfrage, w a n n die Bedingungen gegeben sind, hier v ö l l i g f a l s c h b e a n t w o r t e t. Und nur darum gelangt Diehl zu der u. E. irrigen Annahme, Ricardo habe zugestanden, daß irgendwo irgendwann Monopol-Preisrente dauernd bestanden habe, bestehe oder in naher Zukunft bestehen könne. Er deutet die Stelle so, als handle es sich um Dinge, die sich innerhalb der Sphäre der privatwirtschaftlichen Rentabilitätsrechnung abspielen. Zu irgend einer Zeit machen die landwirtschaftlichen Unternehmer die Entdeckung, daß sie kein neues Kapital auf die Bodenkultur anwenden können, weil es sich nicht mehr rentiert. Sie investieren daher ihr verfügbares Kapital in Handel und Industrie, der Rohertrag der Äcker wächst nicht mehr — und nun entsteht bei weiterer Zunahme der Bevölkerung Monopol-Preisrente, weil das Grenzprodukt (und mit ihm natürlich auch

[1]) Diehl l. c. S. 169.

alle unter günstigeren Bedingungen hergestellten Produkte) über ihren natürlichen Preis steigen.

Wir glauben nicht, daß Diehl anders interpretiert werden kann. Denn erstens ergibt keine andere Interpretation überhaupt einen brauchbaren Sinn, geschweige denn den von ihm der strittigen Stelle in Ricardo untergelegten, und zweitens ist es genau der Sinn, den eine wort-, freilich nicht auch eine sinngetreue Übersetzung dieser Stelle ergibt.

Diese Sätze, auf die sich Diehl beruft und wahrscheinlich auch weiter gegen die hier vorgetragene Kritik seines Kommentars berufen wird, lauten im Urtext folgendermaßen [1]):

„The corn and raw produce of a country may, indeed, for a time sell at a monopoly price; but they can do so permanently only when no more capital can be profitably employed on the lands and when, therefore, their produce cannot be increased."

Man könnte hier darüber streiten, welche Bedeutung das Wort „profitably" in diesem Zusammenhang hat. In der französischen, von F. S. Constancio übertragenen, und von I. B. Say kommentierten Ausgabe [2]) ist es nicht mit „vorteilhaft", sondern mit „produktiv" übersetzt: „mais, cela ne peut avoir de durée que lorsqu'il n'est plus possible d'employer de nouveaux capitaux sur les terres d'une manière p r o d u c t i v e, et quand par conséquence les produits ne peuvent être augmentés."

Vielleicht ist hier die ordnende Hand Says erkennbar, der schließlich trotz aller seiner eigenen Irrtümer zu viel von der Theorie Ricardos verstand, um die dunkle Stelle durch eine eindeutige Übersetzung geradezu in das Gegenteil ihres offenbaren Sinnes zu verkehren. Man beobachte, daß hier nicht ein Ausdruck der Rentabilität, sondern ein solcher der Produktivität gewählt ist, obgleich das englische Wort „profitably", von „profit" abgeleitet,

---

[1]) Diehl führt den Urtext gleichfalls an, aber verstümmelt. Eine ganze Reihe ist ausgefallen. Das folgende ist der dritten 1821 in London erschienenen Auflage der „Principles", S. 221, entnommen; die Vergleichung mit der von Diehl benützten, von Mc Culloch besorgten, 1846 in London erschienenen Ausgabe, S. 151, ergab genau denselben Wortlaut.

[2]) 2. Aufl. Paris 1835, II. Teil, S. 17.

fast ganz in die erste Sphäre gehört. Warum hat der Übersetzer „profitably“ nicht mit „profitable“ übertragen?

Weil die Stelle dann ganz sinnlos wird! Hier liegt ein offenbarer Lapsus calami vor, — und das allein entschuldigt Diehls schweres Mißverständnis. Ricardo hat Ursache und Folge vertauscht. Die Sätze müssen lauten: „But they can do so permanently only when the produce of the lands cannot be increased and when, therefore, no more capital can be profitably employed on them.“ („Aber sie können nur dann auf die Dauer zu einem Monopolpreise verkauft werden, wenn das Produkt der Grundstücke nicht mehr vermehrt werden kann, und wenn deshalb kein Kapital mehr vorteilhaft auf sie angelegt werden kann.“)

Wir sind uns durchaus der Größe des Wagnisses bewußt, das darin liegt, den Text eines so berühmten Buches wie die „Principles“ nicht nur zu interpretieren, sondern zu amendieren; aber wir hoffen dennoch, diese textkritische Variante durchzusetzen. Ehe wir die u. E. zwingenden Gründe dafür angeben, möchten wir noch bemerken, daß wohl jedem Schriftsteller einmal Ähnliches geschieht: man vergreift sich im Ausdruck, liest bei der Korrektur über den Fehler fort und entdeckt erstaunt und beschämt erst viel später, was geschehen ist.

Unsere Textkritik stützt sich darauf, daß die Stelle nur in der von uns vorgeschlagenen Fassung in den Zusammenhang des Kapitels paßt, in dem sie sich befindet; daß sie nur in dieser Fassung mit der sonst überall in dem ganzen System vorgetragenen, das ganze System tragenden Auffassung übereinstimmt. Daß sie, umgekehrt, in der vorliegenden Fassung die einzige Ausnahme von diesem sonst mit fehlloser Folgerichtigkeit festgehaltenen Grundgesetze der gesamten Ricardoschen Theoretik darstellt, eine Ausnahme, die noch dazu die Regel nicht bestätigen, sondern geradezu aufheben würde; und schließlich, daß der vorliegende Text überhaupt keinen verständlichen Sinn ergibt, weder vom Standpunkt Ricardos, noch von irgendeinem anderen Standpunkte.

Schon der Zusammenhang, in dem sich unsere Sätze finden, sollte zeigen, daß der Originalwortlaut unmöglich ist.

Bereits zwei ganze Absätze vorher untersucht Ricardo die Bedingungen, unter denen eine Ware auf einem Monopolpreise stehen kann, nämlich „nur dann, wann ihre Menge mittels gar keiner Erfindung vermehrt werden kann und deshalb der Mitbewerb ganz auf einer Seite, nämlich unter den Käufern stattfindet". Nachdem er an dem bekannten Beispiele edler Weine und seltener Kunstwerke gezeigt hat, daß ihr Tauschwert „nirgend durch die Hervorbringungskosten bestimmt wird", fährt er unmittelbar fort:

„Roherzeugnisse stehen nicht auf einem Monopolpreise, weil der Marktpreis der Gerste und des Weizens ebenso sehr durch ihre Hervorbringungskosten bestimmt wird, wie der Marktpreis von Tuch und Leinewand. ..... Getreide und andere Roherzeugnisse können zudem, durch Anwendung von mehr Kapital auf den Boden, der Menge nach vermehrt werden und stehen darum auch nicht auf einem Monopolpreise. Da besteht Mitbewerb unter den Verkäufern so gut wie unter den Käufern" [1]).

Dann kommt im nächsten Absatz unsere strittige Stelle.

In den beiden folgenden Absätzen polemisiert Ricardo gegen Buchanan. Er bestreitet dessen These, daß das Getreide und die Roherzeugnisse auf einem Monopolpreise stehen, auf das entschiedenste. Hier findet sich die zweite, von Diehl für die angeblich ricardische Monopol-Preistheorie angezogene Stelle, aber gegen sie gewendet: „Allein ich hoffe, ich habe zur Genüge klargemacht, daß, bis ein Land in allen seinen Teilen bebauet ist, und zwar im höchsten Grade, immer ein Teil des Kapitals auf Boden verwendet ist, der keine Rente abwirft." Daran schließt sich wieder eine Anführung aus Ad. Smith, zu der Ricardo ausdrücklich mit Genugtuung erklärt, sie entspreche seiner Auffassung vollkommen, daß das Getreide nicht Monopolpreis haben kann. Und den Schluß des Kapitels bildet eine Polemik gegen Say, der, ebenso wie Buchanan, Anhänger der Monopol-Preistheorie sei.

---

[1]) Ricardo l. c. S. 218/9. Im Original hier und in den folgenden Zitaten nichts gesperrt.

Wir haben hier also eine Folge von stark sieben Seiten der deutschen Übersetzung, auf denen Ricardo unaufhörlich, entwickelnd und polemisierend, seinen Kernsatz vorträgt, und zwar nicht bloß implizite, sondern mit aller denkbaren Entschiedenheit: „Roherzeugnisse stehen nicht auf einem Monopolpreise!“ Und da sollte mitten drin in zwei kurzen Auslassungen von sechs und sechs Zeilen das genaue Gegenteil behauptet sein?! Ohne daß Ricardo die Bedingungen, unter denen in irgendeinem Lande Monopol-Preisrente schon entstanden ist oder bald entstehen kann, auf das sorgfältigste bestimmte?! Er sollte über diese Ausnahme so leichthin forthuschen, gleichsam als wünsche er, daß der Leser die Lücke nicht merke?! Wer das glauben kann, kennt diesen zähen Wahrheitssucher sehr schlecht.

Ja, handelte es sich um irgendeine geringfügige Nebensache, so könnte man allenfalls an eine solche Erklärung denken. Aber es handelt sich hier, das hoffen wir in der Erörterung der Okkupationstheorie zur Genüge dargetan zu haben, um das das ganze System tragende Grundgesetz. Die Rententheorie ist die logische Prämisse der Arbeitswerttheorie, die nur durch diese Ableitung gegen die Smithsche Kostenwerttheorie zum Siege gelangte: mit dem Nachweis, daß keine Grundrente in den Tauschwert der Waren eingeht, steht und fällt die Wertlehre, und sie wieder ist das Fundament des ganzen übrigen Aufbaues. Wir können auf weitere Zitate verzichten; nun die sehr kennzeichnende Tatsache sei hier hervorgehoben, daß das „zweite Hauptstück von der Rente“ sofort in den ersten Worten dieses Leitmotiv des ganzen Systems anschlägt: „Es bleibt aber nun noch zu betrachten übrig, ob die Aneignung von Grund und Boden und die erfolgende Bildung von Rente eine Veränderung im gegenseitigen Tauschwerte der Güter veranlaßt, unabhängig von der zur Hervorbringung nötigen Arbeitsmenge.“ Hier ist das Thema probandum gestellt: trotz der „Aneignung“, d. h. der rechtlichen „Okkupation“ kein Monopolpreis!

Nirgend findet sich in diesem großartigen Gedankenbau ein einziger Satz, der bei billiger Interpretation als Zugeständnis gedeutet werden dürfte, daß trotz alledem irgendwo Monopol-Preisrente entstehen könnte, daß also die Arbeitskosten hier nicht mehr den Tauschwert bestimmen, m. a. W. daß eine bürgerliche Gesellschaft funktionieren könne, deren Ökonomik von ganz anderen als den von Ricardo entdeckten Gesetzen beherrscht sei: nirgend findet sich ein einziger Satz dieses Inhalts, ausgenommen den einen, den, um den wir hier verhandeln.

Dennoch müßte die Ehrfurcht vor einem Großen unserer Wissenschaft uns davon abhalten, seinen Wortlaut anzugreifen, wenn dieser Wortlaut wenigstens einen brauchbaren Sinn ergäbe. Aber nicht einmal das ist der Fall!

Daß der Satz so, wie er dasteht, sinnlos ist, beweist nichts besser als Diehls ganz und gar verunglückter Versuch, ihn kommentierend zu deuten. Er muß zu dem Zwecke einen Zusatz, eine nähere Bestimmung machen, von der im Texte keine Andeutung vorhanden ist. Nach ihm hören die landwirtschaftlichen Unternehmer auf, neues Kapital auf den Boden zu investieren, „wenn eine weitere Ausdehnung der Produktion zu den alten Preisen[1]) unmöglich ist“.

Dieser willkürliche Zusatz ist völlig verkehrt. Niemals hat Ricardo etwas Ähnliches gesagt, niemals konnte er etwas Ähnliches sagen. Wäre das seine „Voraussetzung“, daß Monopolrente immer dann eintreten muß, „wenn die Ausdehnung der landwirtschaftlichen Produktion zu den alten Preisen nicht möglich ist“, dann hätte er die Monopolgrundrente schon in dem Augenblick entstehen lassen müssen, wo sein Boden erster Rentierung okkupiert war. Die ganze Ricardosche Grundrententheorie beruht auf der einen Voraussetzung, daß es eben ceteris paribus niemals möglich ist, die landwirtschaftliche Produktion zu den alten Preisen auszudehnen, kraft des Gesetzes der sinkenden Erträge; (Ceteris paribus heißt hier: durchschnittlichen Kapitalgewinn, Unterhaltskosten der Arbeitskraft und Geldwert als konstante Größen angenommen). Das ist das Abc der Renten-

[1]) Im Original nicht gesperrt.

theorie: immer muß erst die steigende Nachfrage der wachsenden Bevölkerung den Getreidepreis emporgetrieben haben, ehe die Ausdehnung des Anbaus und die Vermehrung des landwirtschaftlichen Kapitals möglich ist.

Diese Diehlsche Deutung der Sätze ist mithin ganz verkehrt. Aber dasselbe Schicksal wird jeder Versuch haben müssen, die Stelle nach ihrem Wortlaut deuten zu wollen. Denn es sind immer nur zwei Fälle möglich, wenn man einen beliebigen Zeitpunkt ins Auge faßt, wo noch ein Grenzprodukt mit der Rente Null vorhanden ist:

Entweder wächst die Bevölkerung nicht: dann entsteht natürlich keine Monopol-Preisrente,

oder die Bevölkerung wächst: dann steigt der Getreidepreis, bis neue Kapitalanwendungen rentabel werden.

Der dritte Fall, den Diehl — allerdings in besonders unglücklicher Bestimmung — formuliert, und den der Wortlaut Ricardos als möglich zu unterstellen scheint, ist undenkbar, eine Contradictio in adjecto. Er würde, scharf formuliert, lauten:

„Die Bevölkerung wächst unaufhörlich — aber nicht der Getreidepreis, und deshalb sind neue Kapitalaufwendungen auf die Landgüter unrentabel."

Das kann Ricardo nicht haben sagen wollen; es ist nicht nur im Zusammenhang seiner eigenen Theorie, sondern überhaupt ein reiner Widersinn. Der Zehrer *muß*, ohne Widerrede, denjenigen Getreidepreis bezahlen, und sei er noch so hoch, der nötig ist, das unentbehrliche Unterhaltsmittel in ausreichender Menge auf den Markt zu bringen. Dieser Preis ist eben derjenige, der dem erforderlichen neuen Kapital den durchschnittlichen Gewinnsatz gewährleistet. Niemals kann daher, *solange die Roherträge überhaupt noch vermehrt werden können*, die Kapitalsverwendung auf den Getreidebau ihre Grenzen aus Gründen der Rentabilität finden.

Wenn aber freilich das Roherträgnis auf keine Weise mehr vermehrt werden kann, dann kann auch kein neues Kapital mehr auf den Getreidebau verwendet werden. Und dann entsteht natürlich sofort — Monopol-Preisrente; auf englisch:

"The corn and raw produce of a country can sell at a monopoly price only when the produce of the lands cannot be increased and when, therefore, no more capital can be profitably employed on them".

Das ist Ricardos Wortlaut mit der von uns vorgeschlagenen Umstellung der Untersätze. Es wird zugegeben werden müssen, daß er sich ohne Zwang in das gesamte System einfügt als ein Grenzfall, der zwar noch keine reale Bedeutung hat, aber immerhin ins Auge gefaßt zu werden verdient. Es wird ferner zugegeben werden müssen, daß dieser Wortlaut in sich einen völlig klaren Sinn ergibt: Monopol-Preisrente kann niemals entstehen, bis nicht der Acker an der absoluten Grenze seiner Ergiebigkeit angelangt ist. Der Zeitpunkt dieser Krisis ist also an den Eintritt einer auf das genaueste bestimmten Bedingung geknüpft, wie bei einem Denker vom Range Ricardos nicht anders angenommen werden kann. Schon diese Gründe sollten für unsere Auffassung entscheiden, daß die strittigen Sätze nur den von uns unterlegten Sinn haben können.

Zur vollen Evidenz erwiesen wird das aber u. E. durch folgende Indizien:

Erstens: Die zweite von Diehl als Beleg für seine Auffassung Ricardos angezogene Stelle enthält in unzweideutigster, an Knappheit und Klarheit gar nicht zu überbietender Formel die hier vertretene Meinung: Monopol-Preisrente kann nicht eher entstehen, als „bis ein Land in allen seinen Teilen bebaut ist, und zwar im höchsten Grade". Man braucht Ricardo hier nur so wörtlich zu nehmen, wie er es überall und durchaus beanspruchen kann, und man hat den klaren Sinn in der Hand: Monopol-Preisrente kann nicht eher entstehen, als bis aller nutzbare Boden bis zur absoluten Grenze seiner Ertragsfähigkeit bebaut ist.

Zweitens: Die von uns vorgeschlagene Deutung der strittigen Sätze paßt nicht nur in den Zusammenhang des Kapitels, sondern macht es erst zur logischen Einheit. Weshalb entwickelt wohl Ricardo in den beiden voraufgehenden Absätzen die Lehre, daß „nur diejenigen Waren auf einem Monopolpreise stehen, deren Menge mittels keinerlei Erfindung vermehrt werden kann“? Doch wahrlich aus keinem andern Grunde, als um zu zeigen, daß auch das Getreide nur dann zu einem Monopolpreise gelangen kann, wenn auch seine „Menge mittels keiner Erfindung vermehrt werden kann“, d. h. wenn das „Land in höchstem Maße bebaut ist“.

Es ist einfach die Methode des indirekten Beweises, die Ricardo hier anwendet: sein Grundgesetz erleidet nur eine Ausnahme — diese Ausnahme aber ist ein casus hypotheticus irrealis, irreal mindestens noch für lange Zeiträume: folglich ist jede Erklärung der Grundrente in Vergangenheit und Gegenwart und nächster Zukunft aus einem Monopolpreise des Getreides widerlegt! Q. e. d.

Drittens und letztens erscheint uns gerade die Kürze und scheinbare Dunkelheit, mit der Ricardo diese einzige Ausnahme behandelt, als schlagender Beweis für die Richtigkeit unserer Deutung. Ricardo wußte, daß jeder seiner zeitgenössischen, fachmännischen Leser ihn ohne Schwierigkeit sofort seinem vollen Sinn nach verstehen müsse, fasse er sich auch so kurz wie nur denkbar, denn er sprach hier von einem Grenzfall, der das Denken der bürgerlichen Ökonomen seiner Zeit durchaus beherrschte, der jedem von ihnen fortwährend vor Augen stand, so daß es genügte, ihn nur in Andeutungen zu streifen, um sofort den ganzen Komplex von Problemen dem Leser zum Bewußtsein zu bringen.

Ricardos Sätze ziehen, um es mit einem Worte zu kennzeichnen, die letzten mathematischen Konsequenzen aus dem „Gesetz des sinkenden Spielraums“. Er leitet hier aus seinem Rentengesetz die gleiche tragische Schlußkatastrophe der Menschheit ab, die Malthus aus seinem „Bevölkerungsgesetz“ entwickelte, das ja zu den gleichen Folgerungen führen muß wie das Rentengesetz, weil es eine ihm äußerst nahe verwandte, fast gleichlaufende Ableitung aus der gleichen Prämisse, eben dem Gesetz des sinkenden Spielraums, ist.

Die zweite Generation der deduktiven Schule, vertreten vor allem durch Ricardo und Malthus, unterscheidet sich auf das schärfste von der ersten Generation, vertreten durch die Physiokraten und vor allem Adam Smith, dadurch, daß diese mit der gesellschaftlichen Arbeitsteilung ein dauerndes Steigen auch der landwirtschaftlichen Produktivität gerade so wie der industriellen verbunden glaubten. Daher ihr freudiger Optimismus in bezug auf die Zukunft der Menschheit! Die zweite Generation, die „Bourgeoisökonomen", verloren diesen Glauben und nahmen das Gesetz des sinkenden Nahrungsspielraums als die wichtigste Prämisse ihrer Theoretik an. Sie gewannen diese Prämisse aus dem unzweifelhaft richtigen Gesetz der sinkenden Erträge, aber nicht etwa als logische Ableitung daraus, sondern indem sie das Gesetz des sinkenden Spielraums als einfaches Korollarium zu dem Gesetz der sinkenden Erträge als seinem Hauptsatz aufstellten. Ob diese Wendung aus der einen Fassung in die andere, aus der Sphäre der landwirtschaftlichen Rentabilität in diejenige der volkswirtschaftlichen Produktivität so ohne weiteres zulässig ist, kann an dieser Stelle nicht untersucht werden. Jedenfalls hielt selbst ein Denker vom Range Ricardos jene Wendung für zulässig, und sie wurde als das Gesetz vom sinkenden Spielraum zu der Grundvoraussetzung der bourgeoisökonomischen Theorie, die daraus ihren tiefen Pessimismus ableitete und zur „trüben Wissenschaft", zur „Dismal science" sich wandelte.

Dieser Pessimismus entwirft in den uns jetzt beschäftigenden Sätzen Ricardos das Bild eines Weltenendes, der Götterdämmerung der bürgerlichen Gesellschaft. Der Gedankengang kann nicht anders als folgendermaßen rekonstruiert werden:

In irgendeiner Zukunft, vielleicht noch unendlich fern, vielleicht aber auch in wenigen Jahrhunderten, ist unser Planet von einer überaus dichten Bevölkerung bewohnt. Längst hat der Ackerbau, gespornt durch die immer höher und höher gestiegenen Preise der

Lebensmittel, auch schon sehr geringe Böden in den Anbau einbezogen und immer neue Zusatzkapitale auf die alten Böden investiert, die zwar immer weniger produktiv werden, aber nichtsdestoweniger immer rentabel bleiben, weil sie den durchschnittlichen (allerdings sehr verringerten) Gewinnsatz abwerfen. Schon kostet daher das Grenzprodukt mit der Rente Null enorm viel Arbeit und Kapital und steht auf einem kaum noch erschwinglichen Preise: aber noch immer ist dieser der natürliche Preis, in den kein Teilchen Rente eingegangen ist. Und immer weiter wächst die Bevölkerung, die Nachfrage und der Kornpreis. Der letzte Boden, der überhaupt noch einen Ertrag über die Aussaat gibt, wird angebaut, der „absolute Grenzboden", wie man ihn nennen könnte. Und weiter steigt die Volkszahl und der Preis. Von jetzt an gibt es keinen in Nutzung befindlichen Boden mit der Rente Null mehr. Dennoch steht auch jetzt noch das unerhört teure Korn auf keinem Monopolpreise: denn noch ergeben ungeheure neue Kapitalzusätze, auf die besseren Böden angewendet, allerdings nur noch winzig kleine Mehrerträge: es existiert also immer noch ein Grenzprodukt mit der Rente Null. Noch immer steht das Getreide auf seinem natürlichen Preise, obgleich die Teurung bereits die ganze Gesellschaft desorganisiert hat. Zwar ist der Nominallohn der Arbeiter ungeheuerlich gestiegen, aber nicht entfernt in dem Maße der Verteurung aller Lebensmittel; der Profit ist fast auf Null gesunken, die Ansammlung des Kapitals droht zu stocken.

Aber immer weiter wächst die Bevölkerung, und zuletzt kommt der Zeitpunkt der Krisis, wo aller Boden, von der ersten Bodenklasse bis zum absoluten Grenzboden, „im höchsten Grade" angebaut ist, d. h. wo kein noch so großes Zusatzkapital auf allem Acker auch nur die kleinste Steigerung des Rohertrages mehrerzielt. Jetzt endlich ist der lange gefürchtete Moment eingetreten, wo die Proportion zwischen Kapitalaufwand und Rohertrag in der Landwirtschaft, dieser vom Anbeginn sinkende Bruch mit dem Zähler Eins, dessen Nenner fortwährend wuchs, sein mathematisches Minimum erreicht hat: er steht auf Eins zu unendlich! Der Mehrertrag bei Mehraufwand ist auf Null gesunken.

Wächst jetzt die Bevölkerung auch nur ein weniges noch, so trägt fortan jedes Getreide eine Monopolrente. Denn es gibt nun, seitdem der weitersteigende Preis kein Mehrerzeugnis mehr hervorzurufen vermag, kein Produkt mit der Rente Null. Selbst das mit den größten Kosten hergestellte, das Grenzprodukt, wirft jetzt Rente ab, sein Preis steht dauernd über dem natürlichen, durch die Kostenarbeit bedingten Werte. Und natürlich wächst nun derselbe Aufschlag auch allen besseren Böden und den auf ihnen sozusagen mit Priorität investierten Kapitalen zu. Wir haben noch immer die gleichen Rentendifferenzen wie früher: aber ihre Basis ist nicht mehr die Rente Null, sondern die auf über Null gestiegene Rente des Grenzproduktes.

Das ist der Inhalt der Sätze Ricardos, die uns beschäftigen, und danach muß ihr Wortlaut interpretiert werden: eine fast kosmische Perspektive! Auf die Frage, kann und wann kann eine Monopolrente entstehen, antwortet er mit schwerem Ernst: „Sie kann entstehen und wird vielleicht entstehen, aber nicht, ehe das unentrinnbare Naturgesetz, das die menschliche Gesellschaft zum Untergang verurteilt hat, in schrecklicher Majestät seinen Gang vollendet hat, allen Anstrengungen der Ohnmächtigen zum Trotze."

Aus dieser ungeheuren Tragödie des jüngsten Menschheitstages aber macht Diehl — eine Hilfshypothese zur Erklärung gewisser Schwierigkeiten, die ihm irrigerweise nur aus der von ihm in Ricardo hineinkonstruierten, ganz unricardischen „Monopol-Preistheorie" verständlich erscheinen.

Mit diesen Ausführungen hoffen wir, unser Urteil über den Diehlschen Kommentar zu den vielumstrittenen Ricardoschen Sätzen gerechtfertigt zu haben.

Fassen wir jetzt unser Urteil über die Diehlsche Verteidigung Ricardos gegen Rodbertus' Angriff noch einmal zusammen:

Diehls Rettungsversuch ist als völlig mißglückt nachgewiesen. Er hat erstens nicht bemerkt, daß er eine der von Rodbertus gestellten wesentlichen

Bedingungen des Gedankenexperiments verletzt hat: während Rodbertus den Monopolpreis des Getreides ausdrücklich ausschloß, hat Diehl die Erklärung aus dem Monopolpreise unternommen.

Diese Erklärung ist aber zweitens auch nicht ricardisch. Die einzige Voraussetzung, unter der — als äußerster Grenzfall — nach Ricardo Monopol-Preisrente entstehen kann, ist hier nicht gegeben, sondern im Gegenteil gleichfalls ausdrücklich ausgeschlossen.

Diejenige Monopol-Preistheorie der Grundrente aber, die Diehl als Ricardo angehörig vorträgt, ist nicht nur unricardisch, sondern sogar antiricardisch.

Monopol-Preisrente entsteht nach Ricardo weder durch volle, juristische Okkupation des Landes mit dem Inhalt, daß der Boden durch das Privateigentum gegen die freie unentgeltliche Besiedelung gesperrt wird, noch aus Gründen der Rentabilität durch privatwirtschaftlichen Entschluß der Grundeigentümer.

c. Der Lexissche Rettungsversuch.

Gegen Lexis läßt sich der Einwand nicht erheben, daß er eine wichtige Bedingung des Gedankenexperiments der isolierten Insel verkannt hat. Er hat ausdrücklich erklärt, seine Verteidigung Ricardos nicht dadurch führen zu wollen, daß er das Problem mit ricardischen Mitteln löste: sondern er hat den zweiten möglichen Weg betreten, das Problem abzulehnen, weil es falsch gestellt sei, unmögliches verlange, etwa wie ein Mathematiker die Zumutung ablehnen würde, ein rechtwinkliges und zugleich gleichseitiges Dreieck zu konstruieren.

Als Sachwalter Ricardos und vermeintlich im Geiste seiner Theorie kommt er zu seinem Schlußurteil, das in folgenden drei Thesen formuliert werden kann:

1. Von dem Augenblicke an, wo das Gesetz der sinkenden Erträge in Wirksamkeit ist, besteht auf der isolierten Insel Monopol-Preisrente, d. h. allgemeine absolute Rente.
2. Reine Differentialrente kann hier nicht entstehen.

3. Bevor das Gesetz der sinkenden Erträge in Wirksamkeit ist, besteht hier überhaupt keine Grundrente.

Dazu ist folgendes zu bemerken:

These 1 ist, wenn die in den vorigen Abschnitten enthaltene Kritik der Monopol-Preistheorie zugegeben werden muß, unzweifelhaft unricardisch, als Verteidigung Ricardos also gewiß abzulehnen.

These 2 ist ebenfalls falsch. Es ist durchaus möglich, aus den Voraussetzungen Ricardos hier privatwirtschaftliche Grundrente, und zwar nicht monopolistische, sondern reine Differentialrente abzuleiten.

Ricardo selbst hat das Rodbertussche Problem beantwortet und widerspruchsfrei gelöst, lange ehe es gestellt war, und zwar an den oben angeführten Stellen, wo er die Möglichkeit zugibt, daß in einem gegebenen Lande aller angebaute Boden Rente trage, aber feststellt, daß dadurch die Naturrechtstheorie der Rente nicht im mindesten erschüttert werde. Wir haben gesehen, daß das richtig ist. Solange, wenn schon nicht mehr ein Grenz boden, so doch ein Grenz kapital mit der Rente Null existiert, steht das Getreide immer noch auf seinem natürlichen Preise, gibt es keine Monopolrente.

Ricardo würde den Rodbertusschen Angriff leichthin mit der Erklärung abgetan haben, daß in diesem, wie aus allen Bestimmungen hervorgeht, volkreichen und hochentwickelten isolierten Staate natürlich längst nicht mehr das „Originalkapital" allein auf den Landgütern arbeite, sondern daß es in dem Maße, wie mit der Bevölkerung die Nachfrage und der Getreidepreis stieg, längst durch eine ganze Reihe von „Zusatzkapitalen" ergänzt worden sei. Von jenen trage jeweils das jüngste und daher unproduktivste die Grundrente Null. Und so stehe denn das Getreide auf seinem natürlichen Preise, und Monopolrente sei nicht vorhanden, wohl aber beziehe jeder Grundeigentümer die Summe aller Differenzen zwischen dem jüngsten, unproduktivsten und allen älteren, produktiveren Kapitalen als private Gesamtgrundrente.

Und dagegen dürfte kaum etwas einzuwenden sein.

These 3 ist dagegen aus der Ricardoschen Theorie völlig richtig abgeleitet. Wenn auf dieser Insel, wo schon keine natur- und verkehrsgegebenen Ertragsdifferenzen bestehen können, auch noch darum keine Ertragsdifferenzen zwischen den früher und den später investierten Kapitalen vorkommen können, weil das Gesetz der sinkenden Erträge hier nicht in Kraft ist und jedes Zusatzkapital die Ergiebigkeit des Originalkapitals besitzt: dann gibt es keinerlei Rentendifferenzen und daher auch keine Differentialgrundrente, d. h., nach Ricardo, überhaupt keine Rente.

SCHLUSSWORT.

Fassen wir unsere Ergebnisse zusammen:

Wir haben zu zeigen versucht, daß die beiden Verteidiger, die Ricardos Rententheorie gegen den Rodbertusschen Angriff gefunden hat, ihre Aufgabe nicht haben lösen können.

Die Diehlsche Verteidigung läßt nicht nur eine der wichtigsten Bedingungen, die in diesem gedanklichen Experiment zu erfüllen waren, unerfüllt, sondern sie führt sogar Ricardos Sache mit Argumenten, die Ricardos Lehre aufheben, mit Argumenten, die er nie vorgetragen hat, nicht vortragen konnte, und die nur durch starke Mißdeutung seines Wortlauts und vor allem seines Gedankenganges in sein Werk hineininterpretiert worden sind.

Die Lexissche Verteidigung erklärt erstens das Rodbertussche Problem aus den gleichen, nicht nur unricardischen, sondern sogar antiricardischen Gedankengängen für unlösbar; und verfehlt zweitens die dem gegenüber mögliche, vom Standpunkt Ricardos richtige Lösung.

Die Tatsache, daß diese Lösung nicht nur möglich, sondern sogar bereits von Ricardo selbst nicht nur implizite, sondern explizite gegeben ist, schlägt auf der andern Seite Rodbertus' Angriff endgültig ab.

Rodbertus' eigene Theorie ist nicht nur aus dem schon von andern mit Recht angeführten materiellen Grunde abzulehnen, weil sie mit der von ihm selbst zugegebenen Tatsache des gleichen Gewinnsatzes für alle Kapitale in Widerspruch steht, sondern auch aus dem formalen Grunde, weil sie, als Ableitung aus der Arbeitswerttheorie, die ihrerseits eine unanfechtbare Ableitung aus der Ricardoschen Grundrentenlehre ist, mit dieser ihrer eigenen Prämisse in Widerspruch steht.

Damit wäre die uns gestellte Aufgabe gelöst.

INHALTS-VERZEICHNIS.

CURRICULUM VITAE.

Verfasser dieser Dissertation, Dr. med. Franz Oppenheimer, mosaischer Konfession, ist am 30. März 1864 als Sohn des Predigers der jüdischen Reformgemeinde zu Berlin, Dr. Julius Oppenheimer, und seiner Ehefrau Antonie, Tochter des praktischen Arztes Dr. Johannes Davidson zu Pyritz, in Berlin geboren. Er besuchte vom Oktober 1870 bis Ostern 1881 das Friedrichs-Gymnasium zu Berlin, erhielt das Zeugnis der Reife und studierte dann in Freiburg und Berlin Medizin. Am 7. März 1885 wurde er in Berlin zum Doktor der Medizin promoviert, erhielt am 27. Mai die Approbation als Arzt und übte, nachdem er seiner Dienstpflicht genügt hatte, in Berlin die ärztliche Praxis aus, die er im Jahre 1896 aufgab, um sich ganz nationalökonomischen und soziologischen Studien zu widmen. Er ist seit dem 26. Juni 1900 mit Martha, geb. Oppenheim, verheiratet und Vater dreier Kinder im Alter von neun bis vierzehn Jahren.

Außer einer Anzahl von kleineren Abhandlungen, die in verschiedenen wissenschaftlichen Zeitschriften erschienen sind, hat er die folgenden fachwissenschaftlichen Bücher veröffentlicht:

1. Die Siedlungsgenossenschaft, Versuch einer positiven Überwindung des Kommunismus durch Lösung des Genossenschaftsproblems und der Agrarfrage. (Berlin 1896.)
2. Großgrundeigentum und soziale Frage, Versuch einer neuen Grundlegung der Gesellschaftswissenschaft. (Berlin 1898.)
3. Das Bevölkerungsgesetz des T. R. Malthus und der neueren Nationalökonomie, Darstellung und Kritik. (Berlin-Bern 1901.)
4. Das Grundgesetz der Marxschen Gesellschaftslehre, Darstellung und Kritik. (Berlin 1903.)
5. Der Staat. (14./15. Band der von Martin Buber herausgegebenen Sammlung sozialpsychologischer Monographien „Die Gesellschaft“. (Frankfurt a. M. 1908.)

Kolibri 360 GmbH
Ferdinand-Jühlke-Straße 7
99095 Erfurt, Deutschland
produktsicherheit@kolibri360.de